Ein Kind

Thomas Bernhard

Ein Kind

Residenz Verlag

2. Auflage 1982

© 1982 Residenz Verlag, Salzburg und Wien
Alle Rechte, insbesondere das des auszugsweisen Abdrucks
und das der photomechanischen Wiedergabe, vorbehalten
Printed in Austria by Druckhaus Nonntal, Salzburg
ISBN 3-7017-0309-4

Niemand hat gefunden
oder wird je finden.

Voltaire

Im Alter von acht Jahren trat ich auf dem alten Steyr-Waffenrad meines Vormunds, der zu diesem Zeitpunkt in Polen eingerückt und im Begriff war, mit der deutschen Armee in Rußland einzumarschieren, unter unserer Wohnung auf dem Taubenmarkt in Traunstein in der Menschenleere eines selbstbewußten Provinzmittags meine erste Runde. Auf den Geschmack dieser mir vollkommen neuen Disziplin gekommen, radelte ich bald aus dem Taubenmarkt hinaus durch die Schaumburgerstraße auf den Stadtplatz, um nach zwei oder drei Runden um die Pfarrkirche den kühnen, wie sich schon Stunden später zeigen mußte, verhängnisvollen Entschluß zu fassen, auf dem, wie ich glaubte, von mir schon geradezu perfekt beherrschten Rad meine nahe dem sechsunddreißig Kilometer entfernten Salzburg in einem mit viel Kleinbürgerliebe gepflegten Blumengarten lebende und an den Sonntagen beliebte Schnitzel backende Tante Fanny aufzusuchen, die mir als das geeignetste Ziel meiner Erstfahrt erschien und bei der ich mich nach einer bestimmt nicht zu kurzen Phase der absoluten Bewunderung für mein Kunststück anzuessen und auszuschlafen gedachte. Die auserwählte Klasse der Radfahrer hatte ich von den ersten bewußten Augenblicken meines begierigen Sehens an bewundert, jetzt gehörte ich dazu. Kein

7

Mensch hatte mich diese so lange vergeblich bewunderte Kunst gelehrt, ich hatte, ganz ohne um Erlaubnis zu bitten, das kostbare Steyr-Waffenrad meines Vormunds aus dem Vorhaus geschoben, nicht ohne schmerzendes Schuldbewußtsein, und mich, ohne über das Wie nachzudenken, auf die Pedale gestemmt und war losgefahren. Da ich nicht stürzte, empfand ich mich schon in diesen ersten Augenblicken auf dem Fahrrad als Triumphator. Es wäre ganz gegen meine Natur gewesen, nach einigen Runden wieder abzusteigen; wie in allem trieb ich das nun einmal begonnene Unternehmen bis zum Äußersten. Ohne einem einzigen dafür zuständigen Menschen ein Wort gesagt zu haben, verließ ich auf der luftigen Höhe des Waffenrades und des damit verbundenen Vergnügens den Stadtplatz, um schließlich in der sogenannten Au und dann in der freien Natur Richtung Salzburg die Räder laufen zu lassen. Obwohl ich noch zu klein war, um tatsächlich auf dem Sattel zu sitzen, ich mußte ja, wie alle andern zu kleinen Anfänger, mit dem Fuß unter die Stange durch auf das Pedal, beschleunigte ich zusehends meine Geschwindigkeit, daß es fortwährend bergab ging, war ein zusätzlicher Genuß. Wenn die Meinigen wüßten, was ich, durch einen durch nichts vorher angekündigten Entschluß, schon erreicht habe, dachte ich, wenn sie mich sehen und naturgemäß gleichzeitig, weil sie keine andere Wahl haben, bewundern könnten! Ich malte mir den höchsten, ja den allerhöchsten Grad ihrer Verblüffung aus. Daß mein Können mein Vergehen oder gar Verbrechen auszulöschen imstande sei, daran zweifelte ich nicht eine Sekunde. Wem, außer mir, gelingt es schon, zum allererstenmal auf das Rad zu steigen und auf und davon zu fahren, und noch dazu mit dem höchsten Anspruch, nach Salzburg! Sie müßten einsehen, daß ich mich doch immer, gegen die größten Hemmnisse und Widerstände, durchsetzte und Sieger sei! Vor allem wünschte ich, während ich die Pedale trat und es schon in die Schluchten unterhalb Surbergs ging, mein wie nichts auf der Welt geliebter Großvater könnte mich auf dem Fahrrad sehen. Da sie nicht da waren und überhaupt nichts von meinem nun schon sehr weit vorangetriebenen Abenteuer wußten, mußte ich zeugenlos mein Werk vollbringen. Sind wir auf der Höhe, wünschen wir den Beobachter als Bewunderer wie sonst nichts herbei, aber dieser Beobachter als Bewunderer fehlte. Ich begnügte mich mit der Selbstbeobachtung und der Selbstbewunderung. Je härter mir die Geschwindigkeit ins Gesicht blies, je mehr ich mich meinem Ziel, der Tante Fanny, näherte, desto radikaler vergrößerte sich die Entfernung aus dem Ort meiner Ungeheuerlichkeit. Wenn ich auf der Geraden für einen Augenblick die Augen zumachte, kostete ich die Glückseligkeit des Triumphators. Insgeheim war ich mir mit meinem Großvater einig: ich hatte an diesem Tag die größte Entdeckung meines bisherigen Lebens gemacht, ich hatte meiner Existenz eine neue Wendung gegeben, möglicherweise die entscheidende der mechanischen Fortbewegung auf Rädern. So also begegnet der Radfahrer der Welt: von oben! Er rast dahin, ohne mit seinen Füßen den Erdboden zu berühren, er ist ein Radfahrer, was beinahe soviel bedeutet wie: ich bin der Beherrscher der Welt. In einem beispiellosen Hochgefühl erreichte ich Teisendorf, das durch seine Brauerei berühmt ist. Gleich danach mußte ich absteigen und das Waffenrad meines eingerückten und dadurch tatsächlich beinahe völlig entrückten Vormunds schieben. Ich lernte die unangenehme Seite des Radfahrens kennen. Der Weg zog sich, ich zählte abwechselnd die Randsteine und die Risse im Asphalt, ich hatte bis jetzt nicht bemerkt, daß der Strumpf an meinem rechten Bein von der Kette ölverschmiert war und in Fetzen herunterhing. Der Anblick war deprimierend, sollte sich gerade aus diesem Blick auf den zerrissenen Strumpf auf dem ölbeschmierten, ja schon blutigen Bein eine Tragödie entwickeln? Ich hatte

Straß vor mir. Ich kannte die Landschaft und ihre Ortschaften von mehreren Bahnreisen zu meiner Tante Fanny, die mit meinem Onkel, dem Bruder meiner Mutter, verheiratet war. Es hatte jetzt alles eine vollkommen andere Perspektive. Sollten meine Lungenflügel nicht mehr die Kraft bis Salzburg haben? Ich schwang mich auf das Rad und trat in die Pedale, es war jetzt mehr aus Verzweiflung und Ehrgeiz denn aus Verzückung und Enthusiasmus, daß ich die berühmte Rennfahrerhaltung einnahm, um die Geschwindigkeit noch einmal steigern zu können. Hinter Straß, von wo aus man schon Niederstraß sehen kann, riß die Kette und verwickelte sich erbarmungslos in den Speichen des Hinterrades. Ich war in den Straßengraben katapultiert worden. Ohne Zweifel, das war das Ende. Ich stand auf und blickte mich um. Es hatte mich niemand beobachtet. Es wäre zu lächerlich gewesen, in diesem fatalen Kopfsprung ertappt worden zu sein. Ich hob das Fahrrad auf und versuchte, die Kette aus den Speichen zu ziehen. Mit Öl und Blut verschmiert, zitternd vor Enttäuschung, blickte ich in die Richtung, in welcher ich Salzburg vermutete. Immerhin, ich hätte nur noch zwölf oder dreizehn Kilometer zu überwinden gehabt. Erst jetzt war ich darauf gekommen, daß ich die Adresse meiner Tante Fanny gar nicht kannte. Ich hätte das Haus im Blumengarten niemals gefunden. Auf meine Frage: wo ist oder wo wohnt meine Tante Fanny? hätte es, wäre ich tatsächlich bis Salzburg gekommen, gar keine oder mehrere hundert Antworten gegeben. Ich stand da und beneidete die Vorüberfahrenden in ihren Automobilen und auf ihren Motorrädern, die von meiner verunglückten Existenz keinerlei Notiz nahmen. Wenigstens ließ sich das Hinterrad wieder drehen, also konnte ich das Steyr-Waffenrad meines Vormunds schieben, allerdings dahin zurück, wo nurmehr das Unheil auf mich wartete und wo es aufeinmal jäh finster zu werden drohte. Im Überschwang meines Ausflugs hatte ich naturgemäß auch kein Zeitgefühl mehr gehabt, und zu allem Überdruß war auch noch von einem Augenblick auf den andern ein Gewitter hereingebrochen, das die Landschaft, die ich gerade noch mit dem höchsten aller Hochgefühle durcheilt hatte, in ein Inferno verwandelte. Brutale Wassermassen ergossen sich über mich und hatten in Sekundenschnelle aus der Straße einen reißenden Fluß gemacht, und unter den tosenden Wassermassen mein Rad schiebend, heulte ich unaufhörlich. Bei jeder Umdrehung verklemmten sich die verbogenen Speichen, die Finsternis war vollkommen, ich sah nichts mehr. Wie immer, so dachte ich, bin ich einer Versuchung, die nur ein durch und durch furchtbares Ende haben konnte, zum Opfer gefallen. Entsetzt stellte ich mir den Zustand meiner Mutter vor, wie sie, nicht zum erstenmal, die Polizeiwachstube im Rathaus betritt, ratlos, wütend, von dem *schrecklichen, fürchterlichen* Kind stammelnd. Der Großvater, weit außerhalb und am anderen Ende der Stadt, hatte keine Ahnung. Auf ihn setzte ich jetzt wieder alles. Es war mir klar: an den Montagsschulbesuch war nicht zu denken. Ich hatte mich unerlaubt und auf die gemeinste Weise aus dem Staub gemacht und dazu auch noch das Waffenrad meines Vormunds ruiniert. Ich schob ein Gerümpel. Mein Körper war abwechselnd von den Wassermassen und von einer unbarmherzigen Angst geschüttelt. So tappte ich mich mehrere Stunden zurück. Alles wollte ich wiedergutmachen, aber hatte ich überhaupt noch die Möglichkeit dazu? Ich hatte mich nicht geändert, meine Beteuerungen waren nichts wert, meine guten Vorsätze waren wieder nichts anderes als Geplapper gewesen. Ich verfluchte mich. Ich wollte sterben. Aber so einfach war das nicht. Ich bemühte mich um eine menschenwürdige Haltung. Ich verurteilte mich zur Höchststrafe. Nicht zur Todesstrafe, aber zur Höchststrafe, wenn ich auch nicht genau wußte, was diese Höchststrafe sein könnte, gleich darauf war ich mir wieder der Absurdität dieses teuflischen Spiels bewußt. Die Schwere der Verbrechen hatte zweifellos zugenommen, das empfand ich ganz deutlich. Alle bisherigen Vergehen und Verbrechen waren gegen dieses nichts. Meine Schulschwänzereien, meine Lügen, meine immer wieder überall gestellten Fallen kamen mir gegenüber meinem neuen Vergehen oder Verbrechen, wie immer, harmlos vor. Ich hatte einen gefährlichen Grad meiner Verbrecherlaufbahn erreicht. Das kostbare Waffenrad ruiniert, die Kleider beschmutzt und zerrissen, das ganze Vertrauen in mich auf die niederträchtigste Weise gebrochen. Das Wort Reue empfand ich augenblicklich als geschmacklos. Ich rechnete, während ich mein Fahrrad durch das Inferno schob, immer wieder alles von oben bis unten durch, addierte, dividierte, subtrahierte, der Urteilsspruch mußte entsetzlich sein. Das Wort *unverzeihlich* markierte fortwährend meine Gedanken. Was nützte es, daß ich heulte und mich verfluchte? Ich liebte meine Mutter, aber ich war ihr kein lieber Sohn, nichts war einfach mit mir, alles Komplizierte meinerseits überstieg ihre Kräfte. Ich war grausam, ich war niederträchtig, ich war hinterhältig, ich war, das war das Schlimmste, gefinkelt. Der Gedanke an mich erfüllte mich mit Abscheu. Wenn ich, zuhause an ihre Schulter gelehnt, ihr

Atmen zu meinem Glück machen könnte, wenn sie ihren Tolstoj liest oder einen anderen von ihr geliebten russischen Roman, dachte ich. Wie verkommen ich bin. Ekelhaft. Wie ich meine Seele beschmutzt habe! Wie ich Mutter und Großvater wieder zutiefst betrogen habe! Du bist, was sie dich nennen, *das scheußlichste aller Kinder!* Ich dachte, ich könnte jetzt, wo die Welt doch nichts ist als eine zutiefst verabscheuungswürdige, finstere Häßlichkeit, wäre ich zuhause, ohne Scham und ohne schlechtes Gewissen ins Bett gehen. Ich hörte das *Gute Nacht* meiner Mutter und heulte noch heftiger. Hatte ich denn überhaupt noch Schuhe an den Beinen? Es war, als hätte der Regen alles von mir weggeschwemmt, als hätte er mir nichts als meine Armseligkeit gelassen. Aber ich durfte nicht aufgeben. Ein Licht und das in dem Licht langsam erkennbare Wort *Gasthaus* waren jetzt meine Hoffnung. Mein Großvater hatte mich immer gewarnt: die Welt ist widerwärtig, unerbittlich, tödlich. Wie recht er hatte. Es ist alles noch viel schlimmer, als ich dachte. Eigentlich wollte ich auf der Stelle tot sein. Aber dann schob ich das Fahrrad noch die paar Meter auf die Gasthaustür zu, lehnte es an die Mauer und trat ein. Auf einem Podium tanzten Bauernburschen und -mädchen zu einer Kapelle, die mir wohlbekannte Tänze spielte, aber das tröstete mich nicht, im Gegenteil, jetzt fühlte ich mich vollkommen ausgeschlossen. Die ganze menschliche Gesellschaft stand mir als einzigem, der nicht zu ihr gehörte, gegenüber. Ich war ihr Feind. Ich war der Verbrecher. Ich verdiente es nicht mehr, in ihr zu sein, sie verwahrte sich gegen mich. Harmonie, Lustigkeit, Geborgenheit, darin hatte ich nichts mehr zu suchen. Jetzt zeigt der Finger der ganzen Welt auf mich, tödlich. Während des Tanzes wurde meine Erbärmlichkeit nicht zur Kenntnis genommen, aber dann, als die Paare das Podium verließen, war ich entdeckt. Ich schämte mich zutiefst, gleichzeitig war ich glücklich, angesprochen zu sein. Woher? Wohin? Wer und wo sind deine Eltern? Sie haben kein Telefon? Nun gut, setz dich her. Ich setzte mich. Trink! Ich trank. Deck dich zu. Ich deckte mich zu. Ein derber Förstermantel schützte mich. Die Kellnerin fragte, ich antwortete und weinte. Das Kind fiel aufeinmal wieder kopfüber in seine Kindheit hinein. Die Kellnerin berührte es am Nacken. Streichelte es. Es war gerettet. Aber das ändert nichts an der Tatsache, daß dieses Kind das scheußlichste Kind ist von allen Kindern. *Du hast mir noch gefehlt!* war der immer wiederkehrende Ruf meiner Mutter. Ich höre ihn auch heute noch deutlich. Ein Schreckenskind! Ein Fehltritt! Ich kauerte geduckt in einer finste-

16

ren Ecke der Wirtsstube und beobachtete die
Szene. Die Natürlichkeit der Menschen auf und
vor dem Podium gefiel mir. Hier *zeigte* sich eine
Welt und Gesellschaft und gab sich vollkommen
anders als die meinige. Ich gehörte nicht dazu, ob
ich wollte oder nicht, auch die Meinigen gehör-
ten nicht dazu, ob sie wollten oder nicht. Aber
existierten wirklich die einen natürlich und die
andern künstlich, diese natürlich, die meinigen
künstlich? Ich war nicht imstande, meine Vorstellung zu einem Gedanken zu machen. Ich liebte die Klarinette und hörte insgeheim nur ihr zu.
Mein Lieblingsinstrument und ich, wir waren
hier eine Verschwörung. Zwei Burschen, hieß es,
würden mich nachhause bringen, aber nicht vor
Mitternacht. Sie tanzten, soviel sie konnten, und
ich freundete mich mit ihnen an. Die Freundschaft begann in der ersten Beobachtung. Die
Kellnerin brachte mir immer wieder etwas zu
essen und zu trinken, die Leute waren mit sich
selbst beschäftigt, sie ließen mich, außer daß sie
mich fütterten, in Ruhe. Ich hätte hier glücklich
sein können in dieser Umgebung, ich liebte die
Wirtsstuben und ihre ausgelassenen Gesellschaf-
ten. Aber ich war nicht so dumm, meine entsetzliche Zukunft zu ignorieren. Was, wenn ich hier
weggehe, auf mich zukommt, ist furchtbarer als
alles Furchtbare vorher. Mein Instinkt hatte

mich nie im Stich gelassen. War ich auch ein armseliges Bündel Mensch, das, immer noch bis auf die Haut durchnäßt, in dem ihm zugewiesenen Winkel kauerte, so hatte ich doch mein Schauspiel, meine lehrreiche Szene, mein Puppentheater. Kein Wunder, daß ich eingeschlafen war, als mich die beiden Burschen weckten, unsanft, in ihrer derben Art. Sie schulterten mich und trennten mich von Musik und Tanz. Eine eiskalte, sternklare Nacht. Der eine hatte mich vor sich auf sein Rad gesetzt, sodaß ich mich an der Lenkstange anhalten konnte, der andere fuhr einhändig und hatte mein Rad neben sich. Sie radelten, so schnell sie konnten, nach Surberg, wo sie zuhause waren. Kein Wort, nur das Keuchen der beiden Erschöpften. Vor ihrem Haus luden sie mich ab, ihre Mutter kam, nahm mich ins Haus mit hinein und zog mir meine Kleider aus und hängte sie neben einem noch heißen Ofen auf. Sie gab mir Milch zu trinken, in die sie Honig gerührt hatte. Sie versorgte mich mütterlich, aber sie gab mir, ohne Wörter, nur durch ihr Schweigen zu verstehen, daß sie mein Verhalten entschieden mißbilligte, sie wußte auch ohne Erklärung meinerseits Bescheid. Es war nicht schwer gewesen, den Fall aufzuklären. Was werden deine Eltern sagen? sagte sie. Ich selbst war mir sicher, was mit mir geschehen würde, war ich zuhause.

Die Burschen hatten mir ihr Versprechen gegeben, mich nachhause zu bringen. Als ich getrocknet war und nicht mehr zitterte vor Kälte, schon gewöhnt an die Stubenwärme in dem fremden, aber gemütlichen Bauernhaus, schlüpfte ich aus dem Barchenthemd, das mir die Bäuerin übergezogen hatte, und wieder in meine Kleider. Die Burschen schulterten mich und brachten mich nach Traunstein. Sie setzten mich auf dem Taubenmarkt vor der Haustür ab und waren weg. Ich hatte keine Zeit gehabt, mich zu bedanken. Kaum stand ich auf dem Boden, waren sie auch schon verschwunden. Ich blickte an der finsteren Hauswand empor, in den zweiten Stock hinauf. Es rührte sich nichts. Es war gegen drei Uhr früh. Der Blick auf das Steyr-Waffenrad meines Vormunds, das die Burschen an die Hausmauer gelehnt hatten, war der traurigste. Kein Zweifel, ich mußte den Gang zu meiner Mutter über meinen Großvater machen, der mit meiner Großmutter in Ettendorf wohnte, in einem alten Bauernhaus, nur hundert Schritte von der berühmten Wallfahrtskirche entfernt, vor welcher alljährlich am Ostermontag der sogenannte Georgiritt stattfindet. Meine Mutter und ich, wir wären nicht in der Lage gewesen, eine Katastrophe zu verhindern. Der Großvater war die Autorität, der sich jeder beugte, der schlichtete, was zu schlichten war, dessen Machtwort das erste und einzige war. Der Richter. Der Urteilssprecher. Ich wußte genau, was der Druck auf die Klingel an unserer Haustür bedeutete. Ich hütete mich davor. Ich verklemmte das deformierte Waffenrad zwischen der Hausmauer und dem Schubkarren, der für alle Fälle und alle möglichen Zwecke Jahr um Jahr an der Hausmauer stand, und machte mich auf in das drei oder vier Kilometer entfernte Ettendorf. Ich liebte die Stille und die Leere der Stadt. Bei den Bäckersleuten war schon Licht, ich rannte davon, aus dem Taubenmarkt, hinunter über die sogenannte Dentistenstiege, an welcher, solange zurückgedacht werden kann, ein Dentist ordinierte, an unserem Krämer vorbei, Schneider, Schuster, Leichenbestatter, alle nur möglichen Berufe hatten hier ihren Standort, am Gaswerk vorbei über die Traun auf einem hölzernen Steg, darüber, hoch oben, mein Wunderwerk der Technik, es spannte sich an die hundert Meter über die Traun von Osten nach Westen, genial, kühn, so höre ich meinen Großvater, diese Konstruktion: die Eisenbahnbrücke! Ich erinnere mich, daß ich in der Langeweile der Nachmittage sehr oft Steine auf die Geleise gelegt habe, ohne Zweifel zu kleine für die gigantischen Lokomotiven, die ich und meine Volksschulkollegen so gern in die

Tiefe stürzen gesehen hätten. Sechs-, sieben-, achtjährige Anarchisten übten sich, wenn auch ohne Erfolg, an der sogenannten Weinleite, indem sie stundenlang in der Hitze Steine und Holzprügel herbeischafften und auf die Geleise legten und sich auf die Lauer hockten. Die Züge dachten nicht daran, zu entgleisen und mit ihrem Waggongefolge in die Tiefe zu stürzen. Sie pulverisierten die Steine und schleuderten die Holzprügel in die Luft. Wir hockten zwischen den Büschen und zogen die Köpfe ein. Zur Vollendung unserer anarchistischen Absichten fehlte es uns an Körperkraft, nicht an den geistigen Fähigkeiten. An manchen Tagen waren wir milde gestimmt und legten anstatt Steinbrocken und Holzprügel nur Pfennigmünzen auf die Geleise und erfreuten uns an jeder gelungenen Expreßzugsquetschung. Man mußte die Münzen schon nach einem ganz genau ausgeklügelten System auf die Geleise legen, um eine besonders gelungene Auswalkung zu erreichen, dem Dilettanten sprang die Münze weg, und er fand sie im Geröll und im Gestrüpp der Weinleite nicht wieder. Sehr oft stellte ich mir vor, die Eisenbahnbrücke stürzt zusammen, in vielen meiner Träume habe ich heute noch das Bild der eingestürzten Brücke vor mir, die Elementarkatastrophe meiner Kindheit. Die nur an einem Faden in den reißenden

Fluß herunterhängenden Ersterklasseabteile, an welchen lauter Leichen und im Katastrophenwind schreiende Überlebende zappeln. Wie überhaupt von frühester Kindheit an meine Träume immer in aufgerissenen Städten gipfelten, in zusammengestürzten Brücken, abgerissen in die Tiefe hängenden Eisenbahnzügen. Diese Eisenbahnbrücke war das gewaltigste Bauwerk, das ich bis dahin gesehen hatte. Wenn wir nur ein ganz kleines Dynamitpäckchen an einem einzigen der Träger anbringen und zur Explosion bringen, dann stürzt die ganze Brücke unweigerlich ein, sagte mein Großvater. Heute weiß ich, daß er recht hatte, es genügt ein halbes Kilogramm Sprengstoff, um die Brücke zum Einsturz zu bringen. Die Vorstellung, daß ein Päckchen Sprengstoff von der Größe unserer Familienbibel genügt, um die weit über hundert Meter lange Brücke zum Einsturz zu bringen, faszinierte mich wie nichts. Aber man muß eine Fernzündung machen, sagte mein Großvater, damit man nicht mit der Brücke selbst in die Luft fliegt. Anarchisten sind das Salz der Erde, sagte er immer wieder. Mich faszinierte auch dieser Satz, er war einer seiner Gewohnheitssätze, deren ganze und das heißt vollkommene Bedeutung ich naturgemäß erst nach und nach begreifen konnte. Die Eisenbahnbrücke über die Traun, zu der ich aufblickte wie zu meiner allergrößten Ungeheuerlichkeit, einer viel größeren Ungeheuerlichkeit naturgemäß als Gott, mit dem ich zeitlebens nichts anzufangen wußte, war mir das Höchste. Und gerade deshalb hatte ich immer darüber spekuliert, wie dieses Höchste zum Einsturz zu bringen sei. Mein Großvater hatte mir alle Möglichkeiten, die Brücke zum Einsturz zu bringen, aufgezeigt. Mit Sprengstoff könne man alles vernichten, wenn man nur wolle. In der Theorie vernichte ich jeden Tag alles, verstehst du, sagte er. In der Theorie sei es möglich, alle Tage und in jedem gewünschten Augenblick alles zu zerstören, zum Einsturz zu bringen, auszulöschen. Diesen Gedanken empfände er als den großartigsten. Ich selbst machte mir diesen Gedanken zu eigen und spiele mein ganzes Leben damit. Ich töte, wann ich will, ich bringe zum Einsturz, wann ich will. Ich vernichte, wann ich will. Aber die Theorie ist nur Theorie, sagte mein Großvater, dann zündete er sich die Pfeife an. Im Schatten der nächtlichen Eisenbahnbrücke, an welcher ich mit der größten Lust meine anarchistischen Gedanken entzündete, war ich auf dem Weg zum Großvater. Die Großväter sind die Lehrer, die eigentlichen Philosophen jedes Menschen, sie reißen immer den Vorhang auf, den die andern fortwährend zuziehen. Wir sehen, sind wir mit ihnen zusammen, was wirklich ist, nicht nur den Zuschauerraum, wir sehen die Bühne, und wir sehen alles hinter der Bühne. Die Großväter erschaffen seit Jahrtausenden den Teufel, wo ohne sie nur der liebe Gott wäre. Durch sie erfahren wir das ganze vollkommene Schauspiel, nicht nur den armseligen verlogenen Rest als Farce. Die Großväter stecken den Enkelkopf da hin, wo es mindestens etwas Interessantes, wenn auch nicht immer Elementares zu sehen gibt, und erlösen uns durch diese ihre fortwährende Aufmerksamkeit auf das Wesentliche aus der trostlosen Dürftigkeit, in welcher wir ohne Großväter zweifellos bald ersticken müßten. Mein Großvater, mütterlicherseits, errettete mich aus der Stumpfheit und aus dem öden Gestank der Erdtragödie, in welcher schon Milliarden und Abermilliarden erstickt sind. Er zog mich, früh genug, nicht ohne schmerzhaften Züchtigungsprozeß, aus dem Allgemeinsumpf heraus, glücklicherweise den Kopf zuerst, dann das Übrige. Er machte mich, früh genug, aber tatsächlich als einziger, darauf aufmerksam, daß der Mensch einen Kopf hat und was das bedeutet. Daß zur Gehfähigkeit auch die Denkfähigkeit so bald als möglich einzusetzen habe. Zum Großvater nach Ettendorf ging ich, wie immer, auch in dieser Nacht wie auf einen heiligen Berg hinauf. Ich stieg aus den Niederungen empor. Ich ließ alles zurück, was engstirnig, schmutzig, im Grunde nichts als ekelerregend war. Ich ließ den abscheulichen Geruch einer dumpfen Welt hinter mir, in welcher die Hilflosigkeit und die Gemeinheit an der Macht sind. Etwas Feierliches kam in meinen Gang, die Atemzüge weiteten sich, bergauf, zu meinem Großvater, zu meiner höchsten Instanz, wandelte ich mich ganz und gar selbstverständlich vom gemeinen Verbrecher, vom nichtswürdigen und so abgrundtief bösartigen Charakter, von der zwielichtigen, verderbten Figur zur Persönlichkeit, deren hervorstechendste Eigenschaft nichts als ein erhabener Stolz war. Nur ein ganz besonders intelligenter, mit ganz besonderen Geistesgaben ausgestatteter Mensch erlernt in so kurzer Zeit das Radfahren und getraut sich, bis vor Salzburg zu fahren. Daß ich kurz vor dem Ziel scheiterte, schmälert nicht meine Wundertat. So dachte ich sicher. Denn selbst in meinem Scheitern ist noch meine Größe erkennbar. Ich präparierte mich auf dem Weg zu meinem Großvater, je höher ich den Hang hinaufstieg, je mehr ich mich dem großväterlichen Hause näherte, desto eindringlicher machte ich mir meine Leistung klar. Ich war nicht einmal müde. Ich war zu aufgeregt. Wir müssen nur tätig sein, niemals untätig, dieses großväterliche Wort hatte ich immer im Ohr, auch heute noch bestimmt es meinen Tagesablauf. Ich sagte es mir, während ich höher und höher stieg, ununterbrochen vor, gleich, was wir tun, es muß etwas getan werden, sagte der Weise auf dem Ettendorfer Berg. Der Tätige ist der Heilige, selbst wenn er in dieser ohnehin verderbten und vor Scheußlichkeit strotzenden Welt als Verbrecher abgestempelt ist, ein Verbrechen, gleich welches, sei immerhin besser als die absolute Untätigkeit, die das Verabscheuungswürdigste auf der Welt sei. Nun hatte ich, wenn auch zu ganz und gar ungewöhnlicher Zeit, von einer von mir zweifellos ungemein hoch eingeschätzten Tat zu berichten. Bis in die kleinsten Einzelheiten bereitete ich meine dem Großvater vorzutragende Erzählung vor, ich bosselte bereits an meinem Bericht, als ich noch ein paar hundert Meter vom großväterlichen Hause entfernt gewesen war. Mein Großvater wünschte die klare, die knappe Rede, er haßte die Ausschweifung, die Anläufe und Umwege, an welchen die ganze übrige Welt leidet, wenn sie etwas zum besten zu geben hat. Er litt unter der Umständlichkeit seiner Umgebung, die sich nur dilettantisch äußerte und in jedem Falle, wenn sie sich überhaupt etwas zu ihm zu sagen getraute, der Verdammung meines Großvaters sicher gewesen war. Ich kannte seine Abneigung gegen das Umständegeschwätz. Die Halbgebildeten tischen nur immer wieder ihren abgestandenen schauerlichen Brei auf, sagte er. Er war nur von Halbgebildeten umgeben. Es ekelte ihn, wenn sie die Stimme erhoben. Bis an sein Lebensende haßte er ihren Artikulierungsdilettantismus. Wenn ein einfacher Mensch spricht, ist das eine Wohltat. Er redet, er schwätzt nicht. Je gebildeter die Leute werden, desto unerträglicher wird ihr Geschwätz. Ich richtete mich ganz aus nach diesen Sätzen. Einem Maurer, einem Holzfäller können wir zuhören, einem Gebildeten oder einem sogenannten Gebildeten, denn es gibt ja doch nur sogenannte Gebildete, nicht. Leider hören wir immer nur die Schwätzer schwätzen, die andern schweigen, weil sie genau wissen, daß es nicht viel zu sagen gibt. Ich hatte die Höhe des Heiligen Berges erreicht. Die Morgendämmerung gab meiner Ankunft vor dem großväterlichen Hause einen theatralischen Effekt, mein Auftreten begünstigend. Aber noch getraute ich mich nicht in die großväterlichen Mauern. Mehr als vier Uhr früh war es nicht. Ich konnte mich, ich durfte mich nicht schon gleich melden, ich werfe meine ganze Strategie über den Haufen. Ich tat gut daran, alles noch einmal gründlich zu überlegen. Wecke ich die Großeltern auf, bin ich sofort im Nachteil, die Ungehörigkeit ist verletzend, ich mache mich neuerlich schuldig. Das Haus, in welchem die Großeltern schon mehrere Jahre wohnten, gehörte einem Kleinlandwirt, der sechs oder sieben Kühe besaß und mit seiner gebückten, beinahe taubstummen Frau sein Anwesen bewirtschaftete. Es grenzte schon an das Paradies, die Großeltern auf einem richtigen landwirtschaftlichen Anwesen zu wissen, den Geist in der Materie sozusagen. Ich liebte den Stall und die Tiere, ich liebte die Gerüche, ich liebte die Bauersleute. Und umgekehrt. Nein, das war keine Einbildung. Ich durfte zuschauen, wenn die Kühe gemolken wurden, ich fütterte sie, ich reinigte sie, ich war Zeuge, wenn sie kalbten. Ich war beim Ackern, beim Säen, beim Ernten dabei. Im Winter durfte ich bei den Bauersleuten in ihrer Stube sein. Ich war nirgends glücklicher. Und hier, wo ich an sich schon glücklich war, lebten im ersten Stock, um das Glücksgefühl vollkommen zu machen, mein Großvater und meine Großmutter. Von hier aus hatte man einen weiten Blick auf die bayerischen Voralpenberge, auf den Hochfelln, auf den Hochgern, auf die Kampenwand. Man wußte, darunter liegt der Chiemsee. An manchen Tagen, bei einem gewissen Ostwind, pflegte mein Großvater zu sagen, höre man von seinem Balkon aus, wenn man richtig höre, die Glocken von Moskau. Der Gedanke faszinierte mich. Ich hörte die Glocken von Moskau nie, aber ich war mir sicher, daß er sie von Zeit zu Zeit hörte. Traunstein unten liegt auf einem Moränenhügel, aber Ettendorf liegt noch viel höher, sozusagen vom Berg der Weisheit blickte man auf die Niederungen des Kleinbürgertums hinunter, in welchem, wie mein Großvater zu sagen nicht müde wurde, der Katholizismus sein stumpfsinniges Szepter schwang. Was unterhalb Ettendorf lag, war nur die Verachtung wert. Der kleine Geschäftsgeist, der Kleingeist überhaupt, die Gemeinheit und die Dummheit. Blöd wie die Schafe scharen sich die Kleinkrämer um die Kirche und blöken sich tagaus, tagein zutode. Nichts sei ekelerregender als die Kleinstadt, und genau die Sorte wie Traunstein sei die abscheulichste. Ein paar Schritte in diese Stadt hinein, und man sei schon beschmutzt, ein paar Wörter mit einem ihrer Einwohner gesprochen, und man müsse erbrechen. Entweder ganz auf dem Land oder in einer Riesenstadt, war die Meinung meines Großvaters. Leider hatte sein Schwiegersohn, mein Vormund, nur hier eine Anstellung gefunden, und so seien wir gezwungen, in dieser verabscheuungswürdigen Atmosphäre zu existieren. Nun sei er selbst ja in Ettendorf, aber unten, in Traunstein, nein, dann lieber Selbstmord. Genauso redete er auf seinen Spaziergängen. Das Wort

Selbstmord war eines seiner selbstverständlichsten Wörter, es ist mir seit der frühesten Kindheit vor allem aus dem Mund meines Großvaters vertraut. Ich habe Erfahrung im Umgang mit diesem Wort. Keine Unterhaltung, keine Unterweisung seinerseits, in welcher nicht unausweichlich die Feststellung folgte, daß es der kostbarste Besitz des Menschen sei, sich aus freien Stücken der Welt zu entziehen durch Selbstmord, sich umzubringen, wann immer es ihm beliebe. Er selbst hatte lebenslänglich mit diesem Gedanken spekuliert, es war seine am leidenschaftlichsten geführte Spekulation, ich habe sie für mich übernommen. Jederzeit, wann immer wir wollen, sagte er, können wir Selbstmord machen, möglichst auf das ästhetischste, sagte er. Sich aus dem Staub machen können, sagte er, sei der einzige tatsächlich wunderbare Gedanke. *Dein Vater,* sagte er, wenn er diesem gut gesinnt war, *dein Vormund,* wenn er ihn gerade verdammte, ist der Brotbringer, und davon leben du und deine Mutter, zeitweise leben wir alle davon, also müssen wir die Tatsache, daß er in diesem entsetzlichen Traunstein sein muß und unser Brot verdient, hinnehmen, es gab keine andere Wahl. Wir sind ein Opfer der Arbeitslosigkeit. Diese war die einzige freie Stelle für deinen Vater (oder Vormund) in ganz Österreich und ganz Deutschland. Wie ich diese Kleinstädter verachte. Wie ich sie hasse. Aber ich bringe mich nicht um. Nicht wegen dieser nichtsnutzigen Leute, die einen Rumpf auf zwei Beinen, aber keinen Kopf haben. Er ging nur nach Traunstein hinunter, wenn ihn meine Mutter zum Essen einlud. Von allen Frauen, die ich in meinem Leben gekannt habe, kochte meine Mutter am besten. Im Krieg machte sie sozusagen aus Nichts eine Delikatesse, das machte ihr keine nach. *Hausmannskost* oder *wie zuhause gekocht* ist ein Schreckenswort für mich, nicht was die Kunst meiner Mutter betraf. So hatten er und meine Großmutter zwei- oder dreimal in der Woche einen Grund, in die gehaßte Stadt Traunstein hinunterzugehen, auf ein Kalbskotelett, auf einen Rostbraten, auf einen Topfenstrudel. Zwei hocherhobene Häupter gingen gegen Mittag von Ettendorf hinunter nach Traunstein. Die Bauersleute hatten einen Enkel in meinem Alter, der in einem ebenerdigen Zimmer schlief. Dieser Georg, genannt Schorschi, der nicht in Traunstein, sondern in Surberg die Volksschule besuchte, war ein zusätzlicher Reiz. So war meine ganze Sehnsucht in Traunstein immer nur auf Ettendorf gerichtet. Schorschi war intelligent, er verehrte meinen Großvater, nahm begierig alles auf, was von diesem kam, und mein Großvater liebte ihn. Wie ich wuchs der Schorschi ohne

Vater auf, ausschließlich bei seinen Großeltern, seinen Vater habe ich hin und wieder gesehen, seine Mutter nie, ich wußte nichts von ihr. Die Bauersleute erzogen ihr Enkelkind nach ihren bäuerlichen Vorstellungen, er wuchs in absoluter Kärglichkeit, ja tatsächlicher Kargheit auf, der Schorschi mußte neben dem Schulbesuch schwer arbeiten, er tat es aber voll Liebe, und er war es, mit dem gemeinschaftlich ich so manches Kalb aus dem Bauch einer Kuh herausgezogen habe. Er war kräftiger als ich, ähnelte seinem Großvater aufs Haar, er war semmelblond und, im Gegensatz zu mir, ein Rechengenie. Er löste jede Rechenaufgabe in Sekundenschnelle. Die Winterszeit verbrachte ich beinahe ausschließlich mit ihm und seinen Großeltern in deren Stube, wenn nicht bei meinen Großeltern im ersten Stock, wo man froh war, mich, wenn mein Großvater arbeitete, hinunterschicken zu können. Schorschi, mein Kumpan, mein Verschworener und engster Vertrauter außer meinem Großvater. Vor ein paar Jahren habe ich ihn zum letztenmal gesehen, wir waren beide gerade fünfundvierzig, er war verrückt geworden und hatte das Haus seiner Großeltern, das sie ihm vererbt hatten, zwei Jahre nicht mehr verlassen gehabt. Er bedrohte jeden, der es wagte, zu ihm in den ersten Stock hinaufzusteigen, dahin, wo meine Großeltern einmal wohnten, mit dem Umbringen. Er hatte sich die Haare jahrelang wachsen lassen und war es überhaupt nicht mehr gewohnt, mit jemandem zu sprechen. Er freute sich aber über meinen Besuch, murmelte unverständliche Wörter. Er machte eine Flasche Traminer auf, die wir austranken, die meiste Zeit schweigend. Immer wieder meinte er, er habe meinen Großvater ganz deutlich vor sich, liebe ihn noch heute, verehre ihn wie keinen anderen Menschen. Mit seiner Einfachheit in seiner Verkommenheit beschämte er mich. Ich redete über mich, aber es war ihm unverständlich. Alles, was ich sagte, war überflüssiges Geschwätz. Andererseits, habe ich gedacht, *du* hast einen klaren Kopf, wenn du auch sonst ein körperlicher Krüppel bist, *er* ist ein dumpfes, stumpfgewordenes Wrack, in welchem es die Seele nicht mehr lange aushalten wird. Sie flackerte nur noch hie und da auf, in seinen Augen. Es war eine gespenstische Szene, auf die ich aber auf keinen Fall verzichten will. Die meterlangen Spinnweben beherrschten das Haus, der Modergeruch legte sich um jedes Wort, um jede Empfindung. Sein Vater hatte sich erhängt, nachdem er in München mit einer Elektrofirma Konkurs gemacht hatte, das vernichtete das Leben des Sohnes. Die Großeltern starben, das Haus und sein Besitz verrotteten. Ich hatte mei-

nen Augen nicht getraut: um das ehemals ge-
pflegte Haus waren an die hundert Autowracks
hingeworfen und ihrem Schicksal überlassen.
Zwei Männer, deren Bärte ihre Gesichter über-
wuchert hatten und die in vor Schmutz steifen
Overalls steckten, deuteten sich beinahe gleichzeitig mit dem Zeigefinger auf die Schläfe, als ich
nach dem Schorschi fragte. Zwei Jahre habe er
den ersten Stock nicht mehr verlassen. Sie ver-
sorgten ihn mit Lebensmitteln, dürften aber
nicht zu ihm hinauf. Er besitze das Haus noch,
obwohl er längst entmündigt gehörte. Sie warn-
ten mich. Ich ging aber doch hinein und getraute
mich in den ersten Stock. Ein Unmensch machte
die Tür auf, Schmutz und Haare, aus welchen
aber doch die Augen meines geliebten Schorschi
leuchteten. Er erkannte mich nicht sofort, ich
mußte dreimal Thomas sagen, bis er begriff.
Dann durfte ich eintreten. Genauso schaut ein
Mensch aus, der vollkommen und konsequent
aufgegeben, aber sich noch immer nicht umgebracht hat, dachte ich. Sein Vater hat sich umgebracht, dachte ich, er nicht, wahrscheinlich ist
der Selbstmord seines Vaters genau der Grund,
warum er selbst sich bis jetzt nicht umgebracht
hat. Durch meine Spekulation blickte ich durch
den Unmenschen Schorschi auf unsere gemein-
same Kindheit. Sie war noch immer da, sie lebte.

Ich schaute also durch das Schlafzimmerfenster meines Freundes, der einen festen Schlaf schlief, denn er war immer ausgenützt und dadurch immer übermüdet, wie alle Bauernkinder. Klopfe ich oder klopfe ich nicht? Ich klopfte. Der Schorschi kam ans Fenster und machte mir auf. Ich sehe diese Szene deutlich. Er sperrte die Haustür auf, und ich setzte mich mit ihm in sein kaltes Zimmer und erzählte ihm meine Geschichte. Sie hatte die erwartete großartige Wirkung auf ihn. *Fast bis Salzburg,* sagte ich, *beinahe,* ich hätte schon die Lichter von Salzburg gesehen, nur ich wußte die Adresse der Tante Fanny nicht. Alles, was ich sagte, bewunderte er, und mit jeder neuen Wendung in meinem Bericht war seine Bewunderung eine noch größere. Natürlich, er war noch nie auf einem Steyr-Waffenrad gesessen. Was für ein Hochgefühl, es selbst in Bewegung zu setzen und auf und davon zu fahren. Ich selbst genoß meinen Bericht so, als würde er von einem ganz andern erzählt, und ich steigerte mich von Wort zu Wort und gab dem Ganzen, von meiner Leidenschaft über das Berichtete selbst angefeuert, eine Reihe von Akzenten, die entweder den ganzen Bericht würzende Übertreibungen oder sogar zusätzliche Erfindungen waren, um nicht sagen zu müssen: Lügen. Ich hatte, auf dem Schemel neben dem Fenster sitzend, den Schorschi auf sei-

nem Bett gegenüber, einen durch und durch dramatischen Bericht gegeben, von dem ich überzeugt war, daß man ihn als ein wohlgelungenes
Kunstwerk auffassen mußte, obwohl kein Zweifel darüber bestehen konnte, daß es sich um
wahre Begebenheiten und Tatsachen handelte.
Wo es mir günstig erschien, hielt ich mich länger
auf, verstärkte das eine, schwächte das andere ab,
immer darauf bedacht, dem Höhepunkt der ganzen Geschichte zuzustreben, keine Pointe vor-
wegzunehmen und im übrigen mich als den
Mittelpunkt meines dramatischen Gedichts niemals außer acht zu lassen. Ich wußte, was dem
Schorschi imponierte und was nicht, dieses Wissen war die Grundlage meines Berichts. Ich durfte
natürlich nicht so laut sein, daß man auf uns aufmerksam wurde. Es war hellichter Tag, als ich
mit meinem Bericht zuende war. Ich hatte die
Fähigkeit, mein klägliches Scheitern am Ende
mit ein paar kurzen Sätzen zu einem Triumph zu
machen. Es war mir gelungen: der Schorschi war
an diesem Morgen überzeugt, daß ich ein Held
bin. Mein Großvater empfing mich mit einem
strafenden Blick, gleichzeitig aber mit einem
Händedruck, der mir sagte: alles in Ordnung.
Was auch geschehen sein mag, es ist verziehen.
Meine Großmutter hatte ein köstliches Frühstück auf den Tisch gestellt. Ihr Frühstück liebte

ich wie kein zweites. Man wollte gar nicht viel
von mir wissen, man freute sich ganz einfach,
daß ich da und gesund war. Mein Großvater
stand auf und ging an die Arbeit. An die *Roman-
arbeit*. Darunter stellte ich mir etwas Fürchterliches, gleichzeitig etwas ganz und gar Außergewöhnliches vor. Der Großvater schnürte sich
mit einem Ledergurt seine Pferdedecke um den
Leib und setzte sich an den Schreibtisch. Meine
Großmutter stand auf und verschloß die Polster-
tür. Ich hatte schon als Kind immer den Eindruck, die beiden seien zusammen die allerglück-
lichsten Menschen. Sie waren es bis an ihr
Lebensende. An diesem Tag waren die Großeltern von meiner Mutter zum Essen geladen.
Das war mein Glück. An der Hand meines Großvaters und neben seiner Frau, meiner Großmutter, schritt ich, so behütet, wie ich nur sein
konnte, nach Traunstein hinunter. Ich war sie-
gesgewiß. Den Weg von Ettendorf nach Traunstein ging ich schon mit erhobenem Kopf, nicht
mit gesenktem wie die umgekehrte Strecke ein
paar Stunden vorher. Meine Mutter war mir
nicht gewachsen. In Fällen wie diesem mit dem
Steyr-Waffenrad schlug sie wild auf mich ein,
meistens mit dem auf dem Küchenkasten liegenden Ochsenziemer, ich kauerte, nach Hilfe
schreiend, im Bewußtsein allerhöchster Theatra-

lik in der Küchen- oder in der Zimmerecke, mit beiden Händen meinen Kopf schützend. Bei der geringsten Gelegenheit griff sie zum Ochsenziemer. Da mich die körperliche Züchtigung letztenendes immer unbeeindruckt gelassen hat, was ihr niemals entgangen war, versuchte sie, mich mit den fürchterlichsten Sätzen in die Knie zu zwingen, sie verletzte jedesmal meine Seele zutiefst, wenn sie *Du hast mir noch gefehlt* oder *Du bist mein ganzes Unglück, Dich soll der Teufel holen! Du hast mein Leben zerstört! Du bist an allem schuld! Du bist mein Tod! Du bist ein Nichts, ich schäme mich Deiner! Du bist so ein Nichtsnutz wie Dein Vater! Du bist nichts wert! Du Unfriedenstifter! Du Lügner!* sagte. Das ist nur eine Auswahl ihrer von Fall zu Fall gegen mich ausgestoßenen Verfluchungen, die nichts als ihre Hilflosigkeit mir gegenüber bewiesen. Tatsächlich hatte sie mir immer das Gefühl gegeben, daß ich ihr zeitlebens im Wege gestanden bin, daß ich ihr vollkommenes Glück verhindert habe. Wenn sie mich sah, sah sie meinen Vater, ihren Liebhaber, der sie stehengelassen hatte. Sie sah in mir ihren Zerstörer nur allzu deutlich, das gleiche Gesicht, wie ich weiß, denn ich habe immerhin einmal eine Fotografie von meinem Vater gesehen. Die Gleichheit war verblüffend. Mein Gesicht war dem Gesicht meines Vaters nicht nur ähnlich, es war *das gleiche Gesicht*. Die größte Enttäuschung ihres Lebens, die größte Niederlage, als ich auftrat, war sie da. Und sie trat ihr jeden Tag, den ich mit ihr zusammen lebte, entgegen. Ich fühlte naturgemäß ihre Liebe zu mir, gleichzeitig aber immer auch den Haß gegen meinen Vater, der dieser Liebe meiner Mutter zu mir im Weg stand. So war die Liebe meiner Mutter zu mir, dem unehelichen Kind, immer von dem Haß gegen den Vater dieses Kindes unterdrückt, sie konnte sich niemals frei und in der größten Natürlichkeit entfalten. Meine Mutter beschimpfte nicht *mich* im Grunde, sie beschimpfte meinen Vater, der sich ihr entzogen hatte, aus was für einem Grund immer, sie schlug nicht nur auf *mich* ein, sondern auch auf den Verursacher ihres Unglücks, wenn sie mich schlug. Der Ochsenziemer galt nicht nur mir, er galt bei jeder Gelegenheit auch meinem Vater, der von allen, auch von meinem Großvater, vollkommen ignoriert wurde. Er durfte nicht existieren, er war nicht da. Schon früh hatte ich es aufgegeben, nach meinem Vater zu fragen. Sofort waren sie böse auf mich, gleich welche Stimmung vorher gewesen war, nach der Frage nach dem Vater war sie verfinstert. Ich mußte einen Schwerverbrecher ganz besonderer Niederträchtigkeit zum Vater gehabt haben nach allem, was sie mir über meinen Vater nicht gesagt hat-

39

ten. Ich liebte meine Mutter aus ganzem Herzen, umgekehrt liebte meine Mutter auch mich wenigstens in dem gleichen Maße, aber diese gegenseitige Liebe war, solange meine Mutter lebte, von dem für mich unsichtbaren Unhold an ihrer Entfaltung gehindert. Der unsichtbare Mann, von dem es hin und wieder hieß, daß er nur aus Lügen und aus Gemeinheit bestand, war der lebenslängliche Spielverderber. *Lange Briefe, ja, aber alles Gemeinheiten. Viel Versprechungen, ja, aber alles Lügen. Ja, eine Kunst beherrschte Dein Vater, die Kunst der Lüge!* so meine Mutter. Warum auch mein Großvater schwieg, war mir ein Rätsel und ist mir bis heute ein Rätsel geblieben. *Genial, aber abgrundtief infam!* hatte meine Mutter sehr oft gesagt. *In Frankfurt an der Oder hat er noch fünf Kinder gemacht, lauter solche Kreaturen wie Du!* und so weiter. Der Ochsenziemertortur war ich entgangen, wenigstens vorläufig. Mein Großvater schob mich an meiner wütenden, aber schweigenden Mutter vorbei in das sogenannte Wohnzimmer, wo schon das Essen bereitstand. Wir setzten uns. Meine Mutter bebte vor Wut, während wir wortlos aßen, gleichzeitig sah ich den hohen Grad ihrer Verzweiflung, und ich fühlte, wie ich sie aus ganzem Herzen liebte und umgekehrt. Irgendwann einmal war von ihr gesagt worden, daß sie auch die Polizei verständigt habe. Und die ganze Nachbarschaft alarmiert. In der Frühe habe sie das vollkommen demolierte Rad unten an der Hauswand entdeckt. Eine ungeheure Schande! Dazu kam auch noch der ausgebliebene Schulbesuch. Ich sei ein Versager, wenn ich es zum Maurerpolier brächte, das wäre schon von allen weiteren Zielen das höchste. Immer drohte sie mir mit dem Wort *Maurerpolier,* es war eine ihrer geschliffensten Waffen. Tatsächlich stach sie mir mit diesem Wort direkt ins Herz. Im Grunde hat sie recht, mußte ich denken, denn ich lernte in der Schule so wenig wie kein zweiter, und meine Lehrer gaben auf mich keinen Heller. Ich konnte tatsächlich nicht die einfachste Rechnung ausrechnen, jedes Diktat endete mit einer Katastrophe, das sogenannte Sitzenbleiben wurde mir angedroht. Ich fand wenig Interesse an dem mir vermittelten Lehrstoff, er langweilte mich unendlich, das war der Grund für mein Desinteresse, das niemandem, am wenigsten meinen Lehrern, verborgen blieb. Mein Großvater sagte nur immer, ich müsse einfach durchkommen, wie, sei vollkommen gleichgültig, er halte nichts von Noten, Aufsteigen sei wichtig, sonst nichts. Aber jetzt zweifelte ich, überhaupt aufsteigen zu dürfen. Am Ende hatte mich immer ein Wunder gerettet, das ganze Jahr waren meine Leistungen immer nur genügend

und ungenügend gewesen, wenn es darauf an-
kam, aufzusteigen, stieg ich auf. Ich verließ mich
auf diesen Mechanismus. Mein Großvater schien
diesem Mechanismus mit der gleichen Sicherheit
zu vertrauen. Er nahm die Debatte über Aufsteigen oder nicht, die bei Tisch jedesmal abgehan-
delt wurde, nicht im geringsten ernst. Ich sei
überdurchschnittlich intelligent, die Lehrer ka-
pierten das nicht, *sie* seien die Stumpfsinnigen,
nicht ich, *ich* sei der Aufgeweckte, *sie* seien die
Banausen. Wenn meine Großeltern bei uns zum
Essen waren, gab meine schulische Existenz so
lange den Gesprächsstoff ab, bis mein Großvater
mit der Bemerkung, ich sei ein Genie, dem Spuk
ein Ende machte. An diesem Tag wurde in An-
betracht meines überdurchschnittlich verwerf-
lichen Vergehens oder gar Verbrechens, weil sie
alle Angst davor hatten, gar nicht von der Schule
gesprochen. Sie hüteten sich, überhaupt auf die in
Frage stehende Hauptsache an diesem Tage ein-
zugehen, sie erwähnten mich außer mit der einen
Bemerkung meiner Mutter, daß sie auch die Polizei verständigt habe und die ganze Nachbarschaft, nicht. Ich weiß nicht mehr, über was sie
redeten, jedenfalls nicht über mich. Meine Mutter war keine Erzieherin, das Verhalten meines
Großvaters in diesem und in ähnlichen Fällen
tatsächlich fatal. Jedenfalls bei objektiver Be-

trachtung. Mein Großvater liebte das Chaos, er war Anarchist, wenn auch nur im Geiste, meine Mutter dagegen versuchte zeitlebens in einer bürgerlichen, wenigstens in einer kleinbürgerlichen Welt Fuß zu fassen, was ihr natürlich niemals gelingen konnte. Mein Großvater liebte das Außergewöhnliche und das Außerordentliche, das Entgegengesetzte, das Revolutionäre, er lebte auf im Widerspruch, er existierte ganz aus dem Gegensatz, meine Mutter suchte, um sich behaupten zu können, Halt in der Normalität. Eine sogenannte glückliche, also harmonische Familie war zeitlebens ihr Wunschziel gewesen. Sie litt unter den Gehirn- und Geisteseskapaden ihres Vaters, unter welchen sie ständig unterzugehen drohte. Sie verehrte ihren Vater zutiefst, solange sie lebte, aber ebenso gern hätte sie sich den für sie so chaotischen und zerstörenden, konsequent destruktiven Denkintentionen ihres Erzeugers entzogen. Das gelang ihr natürlich nicht. Sie hatte sich damit abfinden müssen. Das deprimierte sie lebenslänglich. Sie hatte längst jeden Widerstand gegen das die Umwelt überdurchschnittlich anstrengende und herausfordernde Gehirn ihres Vaters aufgegeben. Sie verehrte einen Despoten, der ihr geliebter Vater war und der es unbewußt naturgemäß auf ihre Vernichtung anlegte. In dessen Nähe man nur entkommen und sich erretten konnte,

wenn man sich ihm bedingungslos unterord-
nete, *weil* man ihn liebte. Verehrung und Liebe,
gleichzeitig der Wunsch, zu entkommen, genüg-
ten, was sie betrifft, nicht. Für die sogenannte
Normalität, nach welcher sich meine Mutter
sehnte, wenngleich ihr selbstverständlich bewußt
war, was diese Normalität gegenüber unserer
Lebensweise für einen Abstrich bedeutete, hatte
mein Großvater, der schon in frühester Jugend
dieser sogenannten Normalität entflohen war,
nichts als Spott und Hohn und die tiefste Verachtung übrig. Die Existenz eines Fleischermeisters
oder Kohlengroßhändlers war für ihn niemals
auch nur zur Debatte gestanden, in den Massen-
mantel hineinzuschlüpfen, wie er sich aus-
drückte, das hatte er schon als Halbwüchsiger ab-
gelehnt und mir immerfort, solange ich denken
kann, eingetrichtert. Freilich, ein sogenanntes
normales Leben hätte meiner Mutter vieles er-
leichtert; so war jeder Tag nichts anderes als ein
Drahtseilakt, in welchem die ganze Zeit zu fürch-
ten gewesen war, daß man abstürzt. Wir alle
waren fortwährend auf dem Drahtseil und droh-
ten ununterbrochen abzustürzen, tödlich. Der
seiner Arbeit nachgehende und geldverdienende
Vormund war als Neuling verständlicherweise
noch der Ungeübteste auf diesem ständig schwan-
kenden Familienseil, das über einen tatsächlich

immer tödlichen Abgrund ohne Netz gespannt war; von meinem Großvater, der es so haben wollte. Insoferne waren wir eine seiltanzende Zirkusfamilie, die es sich niemals und auch nicht einen Augenblick gestattete, von dem Seil herunterzusteigen, und deren Übungen von Tag zu Tag schwieriger wurden. Wir waren auf dem Seil gefangen, vollführten unsere Überlebenskunst, die sogenannte Normalität lag unter uns, wir trauten uns nicht, in die Normalität hineinzustürzen, weil wir wußten, daß dieser Kopfsprung unseren sicheren Tod bedeutet hätte. Der Schwiegersohn, der Mann, der Vormund, konnte nicht mehr zurück, seine Übungen wurden belächelt, er klebte unweigerlich an unserem Seil und konnte nicht mehr herunter. Die Faszination, die mein Großvater und dessen Familie auf den ahnungslosen Erwählten meiner Mutter ausgeübt hatte, war zu groß gewesen, er war nun einmal auf das Seil heraufgezogen und hatte sich zu behaupten, er war mitgerissen, immer wieder aufgefangen, nicht mehr ausgelassen. Aber er kam auf dem Seil lebenslänglich nicht über das bloße Sich-Festhalten hinaus, es war keine Kunst, was er vollführte, er zappelte meistens hilflos über dem Abgrund, manchmal hörte man seine Schreie, aber der *Idiot,* wie mein Großvater oft sagte, rappelte sich wieder auf und machte mit. Die Gruppe nützte ihn für ihre Zwecke aus, die Gruppe war in ihrer Seiltanzkunst schon sehr weit fortgeschritten, sie bewunderte sich selbst ununterbrochen, wozu sie mit der Zeit gezwungen war, weil sie keine Zuschauer hatte, wenigstens keinerlei Zuschauer mit offenen Augen. Mein Großvater entstammte einer Bauern-, Krämer- und Gastwirtefamilie, sein Vater hatte erst mit zwanzig Jahren mühselig angefangen zu schreiben und an seinen Vater aus der Festung Cattaro einen Brief geschrieben, von dem er behauptete, er sei von seiner Hand, was mein Großvater immer anzweifelte. Das jahrzehntelange Ausschenken von Bier und das Kosten der von den Bauern auf ihren Zweirädern herbeigeschafften Butter sowie das fortwährende Spekulieren mit Grundstücken und Gebäuden waren ihm schon in den ersten Lebensjahren verdächtig gewesen, das Einkauf-Verkaufsdenken, das doch auf nichts anderes hinauslief als auf eine reine Vermögensansammlung, und er hatte schon gegen zwanzig auf alles, was da auf ihn zukommen sollte, verzichtet. Auch seine ältere Schwester, Marie, hatte diesen stupiden Mechanismus als eine Zumutung durchschaut und in jungen Jahren einen sogenannten Kunstmaler aus Eger geheiratet, der später in Mexiko eine Berühmtheit geworden ist, von welcher heute noch die großen

Zeitungen in ihren Kunstspalten schreiben und die eine Tochter von diesem Maler jahrzehntelang durch den Orient getrieben hat, von Pascha zu Pascha, von Scheich zu Scheich, von Bei zu Bei, bis diese Tochter, schon in den vierziger Jahren und von allen Scheichs und Paschas und Beis getrennt, nurmehr mit vergilbten Erinnerungsstücken an die orientalischen Jahre, auf dem Burgtheater landete als mittelmäßige Schauspielerin, die in Nestroy-Possen und sogar einmal in der Goetheschen Iphigenie gute Figur gemacht haben soll. Noch heute ist ein riesiges, an die Felswand der sogenannten Marienklause nahe Henndorf gegen den Wallersee von meinem Urgroßvater für dessen Schwiegersohn aus Eger gebautes Atelier zu bewundern, mit seinen an die zwanzig Meter hohen Glasfenstern, an welchen sich, wie sich noch meine Mutter erinnerte, Schlangen sonnten. Die jüngere Schwester meines Großvaters, Rosina, war zuhause geblieben, ein echtes, ein richtiges Kind der Idylle, unfähig, auch nur zehn Kilometer aus Henndorf wegzureisen, die in ihrem Leben niemals in Wien, aber wahrscheinlich auch niemals in Salzburg gewesen war und die ich drei- oder vierjährig und noch viel später als Regentin ihres Einkaufs- und Verkaufsimperiums bewunderte. Ein älterer Bruder meines Großvaters, Rudolf, hatte Zuflucht im Forst

gesucht und als Förster der gräflich uiberacke-
rischen Waldungen rund um den Waller- und den
Mondsee Selbstmord begangen mit zweiunddrei-
ßig. Immerhin, weil er »das Unglück der Welt
nicht länger ertragen« hatte können, wie er auf
einem handgeschriebenen Zettel vermerkte, den
man neben seiner Leiche und dem an der Leiche
wachenden Dackel gefunden hatte. Alle, bis auf
Rosina, waren sie flüchtig, hatten genug von dem
Gleich- und Leerlauf der Dorfexistenz. Marie
floh in den Orient, Rudolf direkt in den Himmel, mein Großvater aus dem Priesterseminar in
die Schweiz, wo er Technik studierte und sich
mit ein paar gleichgesinnten Anarchisten zusam-
mentat. Es war die Zeit Lenins und Kropotkins.
Er war aber nicht nach Zürich, sondern nach
Basel gegangen und hatte sich lange Haare wachsen lassen. Seine Hosen waren ausgefranst, wie
übriggebliebene Fotos beweisen, auf der Nase
hatte er den berühmt-berüchtigten Anarchisten-
zwicker. Aber er lenkte seine Energie nicht in die
Politik, sondern in die Literatur. Er lebte in
einem Haus neben dem Haus der berühmten Lou
Salomé und ließ sich von der Schwester Rosina
monatlich eine Kiste mit Butter und Würsten
schicken. Seine Lebensgefährtin, meine spätere
Großmutter, die jahrelang mit einem Salzburger
Schneider in einer von ihren Eltern erzwun-

genen entsetzlichen Ehe gelebt hatte, erschien unter Zurücklassung ihres Mannes und zweier Kinder in Basel, fiel meinem Großvater um den Hals und beteuerte, von jetzt an mit ihm zu leben, gleich wo, für immer. So wurde meine Mutter in Basel geboren. Ein schönes Kind. Dieses schöne Kind behielt seine Schönheit. Ich bewunderte meine Mutter, und ich war stolz auf sie. Ich ahnte als kleines Kind bereits ihre Hilflosigkeit mir gegenüber und nützte sie aus. Sie hatte keine andere Wahl, als zum Ochsenziemer zu greifen. Wenn die Schläge auf meinen Kopf und wohin immer nichts fruchteten, suchte sie Zuflucht zu den schon erwähnten Sätzen, deren Fürchterlichkeit ich natürlich nicht entkommen konnte. Das Wort war hundertmal mächtiger als der Stock. Sie züchtigte mich, aber sie erzog mich nicht. Sie hat keines ihrer Kinder erziehen können, weder meinen Bruder noch meine Schwester. Ich war sieben Jahre alt, als mein Bruder geboren wurde, neun, als meine Schwester auf die Welt kam, wie es heißt. Vor dem Ochsenziemer hatte ich Angst, aber die Schläge, die meine Mutter mir damit zufügte, hatten keine tiefere Wirkung. Mit teuflischen Wörtern erreichte sie ihr Ziel, daß sie Ruhe hatte, andererseits stürzte sie mich damit jedesmal in den fürchterlichsten aller Abgründe, aus welchem ich dann zeitlebens nicht mehr herausgekommen bin. *Du hast mir noch gefehlt! Du bist mein Tod!* In den Träumen werde ich noch heute damit gepeinigt. Sie wußte nichts von dieser verheerenden Wirkung. Sie mußte sich Luft machen. Ihr Kind war ein Ungeheuer, das sie nicht aushielt, ein Kind der Schliche, ein Kind des Teufels. Meiner krankhaften Sucht nach Sensationen war sie niemals gewachsen. Sie wußte, daß sie ein außerordentliches Kind geboren hatte, aber eines mit entsetzlichen Folgen. Diese Folgen konnten nur das Verbrechertum sein. Sie hatte genug Beispiele vor Augen. Fortwährend dachte sie an ihren Bruder, meinen Onkel, das Familiengenie, das schließlich an seinem höllischen *Erfindungsreichtum,* so mein Großvater, zugrunde gegangen ist. Sie sah mich in allen möglichen Erziehungsanstalten und Gefängnissen, ich war ihr nicht zu rettendes, an die Mächte des Bösen verlorenes Kind. Sie hatte eine Religion für sich, naturgemäß nicht die katholische, was bei ihrem Vater, meinem Großvater, nicht möglich gewesen wäre, der vom Katholizismus seine vernichtende Meinung hatte. Die katholische Kirche war ihm eine ganz gemeine Massenbewegung, nicht mehr als ein völkerverdummender und völkerausnützender Verein zur unaufhörlichen Eintreibung des größten aller denkbaren Vermögen, die Kirche verkaufte

in seinen Augen skrupellos etwas, das es nicht
gibt, nämlich den lieben, gleichzeitig auch noch
den bösen Gott, und beutet weltweit selbst die
Ärmsten der Armen millionenfach aus nur zu
dem Zwecke der unaufhörlichen Vergrößerung
ihres Besitzes, den sie in gigantischen Industrien
und in unendlichen Bergen von Gold und in
ebenso unendlichen Stößen von Aktien in beinahe allen Bankhäusern der Welt fundiert hat.
Jeder Mensch, der etwas verkauft, das es nicht
gibt, wird angeklagt und verurteilt, sagte mein
Großvater, die Kirche verkauft Gott und den Heiligen Geist seit Jahrtausenden in aller Öffentlich-
keit völlig ungestraft. Und ihre Ausbeuter, mein
Kind, und also Drahtzieher, wohnen außerdem
in fürstlichen Palästen. Die Kardinäle und Erz-
bischöfe sind nichts anderes als skrupellose Geld-
eintreiber für nichts. Meine Mutter war ein gläu-
biger Mensch. Sie glaubte nicht an die Kirche,
wahrscheinlich auch nicht an Gott, den ihr Vater, so lange er lebte, immer wieder totgesagt hat,
aber sie glaubte. Sie hielt an ihrem Glauben fest,
wenngleich sie auch fühlte, daß er sie mehr und
mehr im Stich ließ, wie alle Gläubigen. Am Ende
des Essens, das mir noch allzu deutlich ist, kam
mein Fall doch noch zur Sprache. Mein Großvater setzte zu einer längeren Verteidigungsrede
an. Die Schule bedeute nichts, also bedeute es

auch nichts, wenn ich sie schwänzte. Die Schulen überhaupt und die Volksschulen im besonderen seien grauenhafte, schon den jungen Menschen in seinen Ansätzen zerstörende Institutionen. Die Schule an sich sei der Mörder des Kindes. Und in diesen deutschen Schulen sei überhaupt die Dummheit die Regel und der Ungeist der treibende. Da es nun aber einmal Pflicht sei, die Schule zu besuchen, müsse man seine Kinder hinschicken, auch wenn man wisse, man schicke sie ins Verderben. Die Lehrer sind die Zugrunderichter, sagte mein Großvater. Sie lehren nur, wie der Mensch niedrig und gemein wird, ein verabscheuungswürdiges Scheusal. Er liebe es, wenn sein Enkel, anstatt in die Schule zu gehen, auf dem Bahnhof sich eine Bahnsteigkarte löse und mit dieser Bahnsteigkarte nach Rosenheim oder München oder Freilassing fahre. *Das ist ihm förderlich, nicht die Schule,* sagte er, *und wie gemein viele Lehrer sind! Was ihnen zuhause von ihren Frauen unterdrückt wird, lassen sie in der Schule an den Kindern aus. Ich habe die Lehrer immer verabscheut, mit Recht, mir ist noch kein Lehrer begegnet, der sich nicht in der kürzesten Zeit als gemeiner und niedriger Charakter erwiesen hätte.* Polizisten und Lehrer verbreiteten einen üblen Geruch auf der Erdoberfläche. *Aber wir können sie nicht abschaffen.* Lehrer seien nichts anderes als *Verzieher, Verstörer, Vernichter.* Wir schicken unsere Kinder in die Schule, damit sie so widerwärtig werden wie die Erwachsenen, denen wir tagtäglich auf der Staße begegnen. Dem Abschaum. Allerdings mache das Schuleschwänzen den sogenannten Erziehungsberechtigten Scherereien. *Ein kurzes Attest genügt!* sagte er. *Ein unerträgliches Halsweh!* rief er aus und fragte mich sofort, ob mich denn jemand, der mich verraten könne, gesehen habe. Ich schüttelte den Kopf. Meine Mutter saß uns, meinem Großvater und mir, starr gegenüber. Mein Großvater lobte die Mahlzeit, auch meine Großmutter sagte, das Essen sei wie schon lang nicht so gut. Warum muß auch gleich immer die Polizei eingeschaltet werden? sagte mein Großvater. Meine Eskapaden seien nichts Neues. Ich sei schon so oft ausgeblieben. Und jedesmal wieder nachhause gekommen. Das ist ja das Geniale an ihm, sagte er über mich, daß er etwas unternimmt, das andere nicht unternehmen. Das Rad kann repariert werden. Eine Kleinigkeit. Jetzt kann er wenigstens radfahren. Das sei ein Vorteil. Man denke nur, was ein Radfahrer alles erledigen könne. Du kannst nicht radfahren, ich kann nicht radfahren, sagte er zu meiner Mutter. Meine Großmutter konnte auch nicht radfahren. Emil (mein Vormund) ist nicht da, das Rad verrostet nur im Vorhaus. Im Grunde sei es eine geniale Idee gewesen, das Rad aus dem Vorhaus hinauszufahren und aufzusteigen. *Und dann gleich nach Salzburg!* rief er aus. Wenn man alles in allem in Betracht zieht, eine ganz außerordentliche Leistung. Nur daß du nicht sagtest, was du vorhast, war ein Fehler, sagte er zu mir. Gleich darauf aber: natürlich, ein solches Vorhaben muß geheim bleiben, damit es gelingen kann. Er sah gar nicht ein, daß ich gescheitert sein sollte. Man denke, sagte er, er besteigt zum erstenmal ein Fahrrad und fährt gleich fast bis nach Salzburg. Mir persönlich imponiert diese Tatsache. Meine Mutter schwieg, es blieb ihr nichts anderes übrig. Er zählte eine Reihe eigener Kindheitseskapaden auf. Wenn wir es den Eltern schwer machen, wird etwas aus uns, sagte er. Gerade diese sogenannten schwierigen Kinder werden etwas. Und gerade sie lieben ihre Eltern über alles, mehr als alle anderen. Aber das verstehen die Eltern nicht. Das verstehst du nicht, sagte er zu meiner Mutter. Gekochtes Rindfleisch war seine Lieblingsspeise. Und die Suppe aus diesem Rindfleisch. Das verstand ich nicht, denn ich haßte Rindfleisch, mich ekelte davor. Heute weiß ich, daß man erst im Alter Rindfleisch liebt, nicht als Kind. Er aß es mit größtem Vergnügen, langsam, die ganze Zeremonie weitete er zu einem einzigen unübertrefflichen Genuß. Alle diese Kleinstadtkinder, was wird aus ihnen? sagte er. Wir begegnen ihnen am Ende als ausgefressene Handwerker, die ihr Handwerk nicht verstehen, oder als Geschäftemacher mit einem dicken Bauch, die sich jeden Abend vollaufen lassen. Allen diesen Leuten ist der Spruch, den ihre Weiber in die Küchentücher gestickt haben und der da lautet *Die Liebe geht durch den Magen* die einzige Poesie. Das ist die Wahrheit. Wir sollten immer daran denken, daß es auch noch etwas anderes auf der Welt gibt als die Gewöhnlichkeit. Aber wir sind umgeben von Gemeinheit und ersticken jeden Tag unweigerlich in der Dummheit. Was habe ich getan, um hier in diesem aller Beschreibung spottenden Drecknest existieren zu müssen. Dabei habe ich ja noch Glück, sagte er, Ettendorf ist nicht Traunstein. Immerhin, ich lebe ja nicht in der Kleinstadt, ich lebe auf dem Land. Andererseits: was habe *er* nicht alles getan, um aus dem Dorfdreck herauszukommen, schon mit sieben, acht Jahren habe er den Entschluß gefaßt, wegzugehen, man muß so bald als möglich aus dem Dreck heraus, man darf den richtigen Zeitpunkt nicht übersehen. Zuerst sollte er, nachdem sein älterer Bruder an die grauenhafte Försterei verloren gewesen war, wie sein Vater Buttergroßhändler, Gastwirt, Grundstückespekulant sein. Als sie einsahen, daß mit ihm nicht zu rechnen war, schickten sie ihn in das Priesterseminar nach Salzburg. *Ich und Pfarrer!* rief er oft aus. Immerhin war ein entscheidender Schritt getan, der Enge zu entkommen, in die ich hineingeboren war, sagte er. Den Leuten den Lohn herauszulocken und sie betrunken zu machen und damit Zug um Zug den Besitz zu vergrößern, dazu hatte er keine Lust. In Salzburg sei er auf den Geschmack gekommen: *Schopenhauer, Nietzsche, ich wußte gar nicht, daß es so etwas gibt,* sagte er. Mein Vater konnte nicht einmal rechtschreiben, meinte er oft voll Stolz. Und ich entwarf Romane, Riesenromane. Nein, das Kind muß neugierig sein, dann ist es gesund, und man muß seiner Neugierde freien Lauf lassen. Es fortwährend anzubinden, ist verbrecherisch und eine gemeine Dummheit. Das Kind soll *seinen* Ideen nachgehen, nicht den Ideen seiner Erzieher, die nur wertlose Ideen haben. Man denke, er reist mehr als wir alle, und das auch noch kostenlos, nur mit der Bahnsteigkarte! Seine Feststellung, mit welcher er die Tafel aufhob, amüsierte ihn offensichtlich. Ich hatte immer Schwierigkeiten gemacht. Neunzehnhunderteinunddreißig, als ich geboren wurde, war mein Geburtsort nicht zufällig Heerlen in den Niederlanden, wohin meine Mutter auf den Rat einer in Holland arbeitenden Freundin aus Henndorf geflohen war in dem

Augenblick, in welchem ich mich ganz entschieden zum endgültigen Eintritt in die Welt meldete, ich forderte ein rasches Gebären. In Henndorf, dem kleinen Nest, wäre meine Geburt völlig unmöglich gewesen, ein Skandal und die Verdammung meiner Mutter wären die unausbleibliche Folge gewesen in einer Zeit, die uneheliche Kinder nicht haben wollte. Meine Großtante Rosina hätte ihre Nichte Herta, meine Mutter, aus dem Haus geworfen und ihr weiteres Leben durch die Schande einer unehelichen Geburt, noch dazu des Kindes eines *Gauners,* wie man meinen Vater am häufigsten bezeichnete, verdüstert, und sie wäre die restlichen Jahrzehnte nur noch in schwarzer Kleidung ins Dorf gegangen und selbstverständlich auch da nur auf den Friedhof und wieder zurück. Meine Mutter mußte schon neunzehnhundertdreißig, während ihre Eltern in der Wernhardtstraße in Wien lebten, eine Zeitlang bei ihrer Tante Rosina gelebt haben, in jenem Henndorf, das sie wie keinen anderen Ort auf der Welt liebte und wo sie seit dem Jahr fünfzig begraben ist auf ihren Wunsch. Mein Vater, Sohn eines Landwirts aus der Umgebung, der, wie das üblich gewesen ist, zu dem völlig natürlichen Beruf des Bauern auch noch ein Handwerk erlernt hatte, in seinem Falle die Tischlerei, mußte in dieser Zeit mit ihr in näheren und allernächsten Kontakt gekommen sein. Darüber ist mir nichts weiter bekannt. Es heißt, die beiden trafen sich des öfteren in einem sogenannten Salettl im Apfelgarten der Tante Rosina. Das ist wirklich alles, was ich über meine Entstehungsgeschichte weiß. Nun entfloh sie dem Ort ihrer Schande nach Holland, wo sie bei der erwähnten Freundin in Rotterdam Aufnahme fand. Kurz darauf war sie in Heerlen, in einem Kloster, das nebenbei auch noch auf sogenannte gefallene Mädchen spezialisiert war, von einem Knaben entbunden, der neugeboren, wie ich auf einer erhalten gebliebenen Fotografie sehen kann, soviel Haare hatte, wie ich noch auf keinem neugeborenen Kopf gesehen habe. Ich soll ein fröhliches Kind gewesen sein. Meine Mutter, wie alle Mütter, eine glückliche. Henndorf entkam dem Skandal, und die Tante Rosina konnte wieder ruhig schlafen. Der Vater meiner Mutter, mein Großvater, hatte keine Ahnung von mir. Ein Jahr lang getraute sich meine Mutter nicht, meinen Großeltern in Wien meine Geburt zu melden. Was sie fürchtete, weiß ich nicht. Der Vater als Romanschreiber und Philosoph durfte in seiner Arbeit nicht gestört werden, ich glaube fest, das war der Grund, warum mich meine Mutter so lange verschwieg. Mein Vater hat mich niemals anerkannt. Die Möglichkeit, mich in dem Kloster bei Heerlen zu lassen, war nur kurz gewesen, meine Mutter mußte mich abholen, in einem von ihrer Freundin geliehenen kleinen Wäschekorb reiste sie mit mir nach Rotterdam zurück. Da sie nicht ihren Lebensunterhalt verdienen und gleichzeitig bei mir sein konnte, mußte sie sich von mir trennen. Die Lösung war ein im Hafen von Rotterdam liegender Fischkutter, auf welchem die Frau des Fischers Pflegekinder in Hängematten unter Deck hatte, sieben bis acht Neugeborene hingen an der Holzdecke des Fischkutters und wurden jeweils nach Wunsch der ein- oder zweimal wöchentlich erscheinenden Mutter von der Decke heruntergelassen und hergezeigt. Ich hätte jedesmal jämmerlich geschrien und mein Gesicht sei, solange ich auf dem Fischkutter gewesen sei, von Furunkeln übersät und verunstaltet gewesen, da, wo die Hängematten hingen, seien ein unglaublicher Gestank und ein undurchdringlicher Dunst gewesen. Aber meine Mutter hatte keine andere Wahl. Sie besuchte mich, wie ich weiß, sonntags, denn die Woche über arbeitete sie als Haushaltshilfe, um sich erhalten und die Gebühr für meinen Schiffsaufenthalt bezahlen zu können. Der Vorteil war, daß sie auf diese Weise sozusagen die Welt kennenlernte, der größte Hafen Europas war dazu am besten geeignet. Mir ist nicht viel über diese Zeit bekannt. Immerhin kann ich sagen, daß ich mein erstes Lebensjahr, die ersten Tage abgerechnet, ausschließlich auf dem Meer verbracht habe, nicht *am* Meer, sondern *auf dem* Meer, was mir immer wieder zu denken gibt und in allem und jedem, das mich betrifft, von Bedeutung ist. Dieser Umstand wird für mich lebenslänglich eine Ungeheuerlichkeit sein. Im Grunde bin ich ein Meermensch, erst, wenn ich am Meerwasser bin, kann ich richtig atmen, von meinen Denkmöglichkeiten ganz zu schweigen. Natürlich sind aus dieser Zeit keinerlei Eindrücke zurückgeblieben, allerdings, denke ich, prägt mein damaliger Meeraufenthalt meine ganze Geschichte. Manchmal kommt es mir vor, wenn ich den Geruch des Meeres einatme, als wäre dieser Geruch meine erste Erinnerung. Nicht ohne Stolz denke ich oft, ich bin ein Kind des Meeres, nicht der Berge. Tatsächlich fühle ich mich in den Bergen nicht wohl, ich habe heute noch Angst, sie erdrücken mich, ich ersticke in ihnen. Ideal ist für mich das Alpen*vor*land, wo ich den Großteil meiner Kindheit verbrachte, im bayerischen in der Nähe des Chiemsees und im salzburgischen, aber diese Zeit liegt weit zurück, sie reicht von meinem dritten bis zu meinem siebenten Lebensjahr. Vorher war ich, nach dem ersten, dem Hollandjahr, zwei Jahre in Wien gewesen. Wahrscheinlich in dem Augenblick, in welchem sie absolut keinen Ausweg mehr wußte, gestand meine Mutter von Rotterdam aus meinen Großeltern, ihren Eltern also, mein Dasein. Sie wurde mit offenen Armen in Wien aufgenommen. Sie hatte mich noch einmal in den Wäschekorb gelegt und war mit mir über Tag und Nacht nach Wien. Ich hatte von jetzt an nicht nur die Mutter, ich hatte auch Großeltern. In der Wernhardtstraße im sechzehnten Bezirk, in der Nähe des Wilhelminenspitals, habe ich zum erstenmal in meinem Leben das Wort *Groß-vater* ausgesprochen. Aus dieser Zeit habe ich mir eine Reihe Bilder bewahrt. Ein Fenster mit dem Blick auf einen riesigen Akazienbaum, ein abschüssiges Straßenstück, über das ich auf einem Dreirad bergab rolle. Schlittenfahrten mit meinem Großvater unter der sogenannten Ameisbrücke. Den langen Eisenzaun der Irrenanstalt am Steinhof entlang zieht mich mein Großvater in einem luxuriösen Zweirad mit großzügiger Lehne und Armstützen und mit einer langen Holzstange. Davon existiert noch ein Foto. Es heißt, ich sei in meinem zweiten Jahr von der Singer-Nähmaschine meiner Großmutter heruntergefallen, auf die mich mein Onkel gesetzt hatte. Mit einer Gehirnerschütterung sei ich mehrere Tage im Wilhelminenspital gelegen.

Daran erinnere ich mich nicht. Die Wiener Zeit unter der Obhut meines Großvaters, meiner Großmutter und meiner Mutter, mit meinem Onkel Farald zusammen, der für ständige Abwechslung sorgte, ist mir nur noch in einzelnen, wenigen Bildern erhalten. Mein Großvater, der Schriftsteller, schrieb, meine Großmutter übte den von ihr erlernten Beruf der Hebamme aus, meine Mutter verdiente als Hausangestellte, zeitweise auch als Köchin etwas Geld. Es war deprimierend: mit sieben Jahren tanzte sie in der Hofoper in *Schneewittchen* und bekam dafür vom Kaiser eine Medaille. Mit zwölf erkrankte sie an einem sogenannten Lungenspitzenkatarrh und mußte auf die Karriere einer Primaballerina, die ihr Vater ihr zugedacht hatte, verzichten. Die Tochter sollte in dem allerhöchsten Musentempel des Reiches Karriere machen und hatte tatsächlich alle Voraussetzungen dazu, wie ich weiß, und landete staubwischend in den Vor- und Schlafzimmern der Neureichen Döblings und in diversen Küchen in der Gegend der Währinger Hauptstraße, der Sohn war zum Philosophen auserwählt, schloß sich aber eines Nachts der Kommunistischen Partei an, war Freund und Gehilfe des berühmten Ernst Fischer und landete schließlich nacheinander in den verschiedenen Gefängnissen in Wien und den Bundesländern.

Als ich so klein war, daß ich noch nicht gehen konnte, klopfte alle Augenblicke die Polizei an die Tür unserer Wohnung in der Wernhardtstraße, um meinen Onkel abzuholen. Der war aber nie zuhause, lebte sozusagen im Untergrund. Seine Spezialität war es, in der Nacht mit mehreren seiner Genossen, die dafür ausgesucht waren, großflächige Transparente über die wichtigsten Straßen der Hauptstadt zu spannen, auf welchen der Kommunismus als die einzig mögliche menschenwürdige Zukunft gepriesen wurde. In dieser Zeit, als mein Onkel um die zwanzig war, lernte er den gerade freigesprochenen Friseurgehilfen Emil Fabjan kennen, der in der Nähe der Maroltingergasse in einem Damen- und Herrengeschäft angestellt war. Er lockte den naiven Vorstadtjüngling, dem damals die Welt noch ein festverschnürtes Rätsel war, in die Partei und freundete sich mit ihm an. Eines Tages brachte er den neuen Genossen mit in die Wernhardtstraße. Mein Großvater fand Gefallen an dem unverdorbenen Burschen, der den Schriftsteller und daß es überhaupt so etwas gibt, bewunderte. Auf diese Weise lernte meine Mutter ihren späteren Mann, meinen Vormund, kennen. Die materielle Not war bitter. Es war die Zeit der größten Arbeitslosigkeit und der höchsten Selbstmordrate. Auch mein Großvater soll täglich mit

Selbstmord gedroht haben. Unter seinem Kopfpolster soll er eine schußbereite Pistole liegen gehabt haben. Es war eine Dummheit, auf mein
väterliches Erbe zu verzichten, hat er später gesagt, der junge Mensch rennt einem unsinnigen
Ideal nach und wirft alles hin. Als er einmal von
Wien aus seiner Schwester Rosina geschrieben
hatte, er würde sich gern ein paar Wochen in
ihrem Hause, das doch auch sein Haus sein
könnte, von der Bitterkeit und Scheußlichkeit
Wiens erholen, schrieb sie ihm postwendend, sie
hätte kein Zimmer frei. Diese Enttäuschung er-
wähnte er oft. Seine Erfahrung, daß der Idealist,
wenn er sich in früher Jugend einer Partei ver-
schreibt, schließlich und endlich einem tödlichen
Betrug aufgesessen ist, war dem Sohn Farald
gleichgültig. Der Großvater war in seiner Jugend
den Sozialisten in die Arme gelaufen und hatte
sich für sein Leben verbrannt, nun war der Sohn
den Kommunisten in die Arme gelaufen. Für
jeden in der Familie waren die Folgen vorauszu-
sehen, nur für den Betroffenen nicht. Er vertiefte
sein Bündnis mit den Kommunisten und versetzte seine Familie damit in Angst und Schrek-
ken. Da er den Emil Fabjan mit hineingezogen
hatte, versetzte er auch die in der Hasnerstraße
wohnenden Eheleute Fabjan in eine Schreckens-
zeit. Ganz abgesehen von den vielen anderen Fa-

milien, die durch meinen fanatischen Onkel, zweifellos neben meinem Großvater der Gescheiteste der Familie, in Gefahr, ja tatsächlich in Lebensgefahr gebracht wurden, denn alles, was er tat und vorantrieb und in Szene setzte, war illegal. Der Umgang mit meinem Onkel war immer der interessanteste, gleichzeitig aber auch der gefährlichste. Viel zu spät ist sein Ideal von der Zeit zerrissen worden, die Fetzen waren nicht mehr zusammenzuflicken. Aus diesen Wiener Jahren, welche so bitter waren für die Meinigen, sind mir nur Bilder bekannt, auf welchen ich wohlgenährt bin und einen lebensfrohen Eindruck mache. Gutgekleidet herrsche ich von den verschiedensten Thronsesseln herunter, von ganz ausgefallenen, zeitgemäßen Wagen und Schlitten, und keinem dieser Bilder, allesamt Fotografien, fehlt eine gewisse, mich noch heute ungemein stolz machende Eleganz. So sahen die Kinder aus den Herrscherhäusern aus, dachte ich oft. Es kann mir also nicht schlecht gegangen sein. Die Landschaft um den Wilhelminenberg ist mild überstrahlt von der Nachmittagssonne, mein Ich, auf welches sich alles übrige konzentriert, fordert die totale Bewunderung. Für die Meinigen, die damals schon zwanzig Jahre in der Wernhardtstraße lebten, war diese Zeit wahrscheinlich die schlimmste. In meinem Besitz habe ich eine

Menge Fotografien, wo sie alle beinahe bis auf das Skelett abgemagert in ihren Anzügen und Kleidern stecken. Sie mußten das damalige Wien als Hölle empfinden, in welcher es jeden Tag um alles ging. Aus dieser Hölle wollte mein Großvater so schnell wie möglich heraus, selbst um den Preis, dahin zurückzukehren, woraus er dreißig Jahre vorher geflohen war. Immerhin hatte er diese dreißig Jahre gearbeitet und war in der totalen Erfolglosigkeit steckengeblieben, in diesen dreißig Jahren hatte er zwar einen Roman verlegt, auf eigene Kosten, der Titel lautete *Ulla Winblatt,* aber dieses Buch war, wie er selbst mir einmal erzählte, von der großen Ziege aufgefressen worden, die sich meine Großeltern in Forstenried bei München hielten, wo sie, weil sie die Romantik liebten, in einer Waldlichtung gelebt haben, aus der sie den ganzen Winter nicht mehr herauskonnten, weil sie dann eingeschneit waren. Die Ziege war noch verhungerter als wir, sagte mein Großvater, sie ließ von *Ulla Winblatt* nichts übrig. Kleinere Lektorenposten gab er sofort wieder auf, weil es ihm widerwärtig war, fortwährend bei irgendeinem skrupellosen Verleger zu antichambrieren. Er war ein Einzelmensch, er war gemeinschaftsunfähig, untauglich also für jede Anstellung. Bis zu seinem fünfundfünfzigsten Lebensjahr verdiente er praktisch nichts. Er lebte von Frau und Tochter, die bedingungslos an ihn glaubten, und schließlich auch noch von seinem Schwiegersohn. Meine Mutter heiratete meinen Vormund neunzehnhundertsiebenunddreißig in Seekirchen am Wallersee, wohin die Meinigen zu Anfang des Jahres und unter den groteskesten und gleichzeitig fürchterlichsten Umständen gezogen waren. Mein Großvater hatte Wien endgültig den Rücken gekehrt, er wunderte sich nachträglich, daß er dazu noch die Kraft gehabt hatte. Der Aufbruch aus Wien, auf das Land, nur sechs Kilometer von Henndorf, also der engeren Heimat entfernt, muß ziemlich abrupt vorgenommen worden sein, denn ich erinnere mich, daß wir zuallererst in der Bahnhofswirtschaft von Seekirchen Station machten. Mehrere Wochen hausten wir dort in einem Gästezimmer, in welchem ständig unsere Wäsche über unseren Köpfen hing, und wenn ich *Gute Nacht* sagte, damals hatte ich dazu noch die Hände gefaltet, schaute ich durch ein hohes Fenster direkt auf den sich rasch unter der versinkenden Sonne verdüsternden See. Wir hatten aus Wien außer Tausenden von Büchern, die aber erst nachkommen sollten, nichts mitgenommen, weder Möbel noch sonst etwas, nur zwei Koffer und unsere Kleidung. Wahrscheinlich war die Einrichtung in der Wernhardtstraße den Transport nicht wert gewesen. Meine Großmutter hatte oft lachend erzählt, daß ihre Möbel niemals etwas anderes gewesen seien als billige Zuckerkisten, die sie sich jeweils von den nahe ihren Wohnungen liegenden Krämern hatte schenken lassen. Zwanzig Jahre Wien waren deshalb für die Meinigen eine Ungeheuerlichkeit, weil sie vorher alle Augenblicke und alles in allem an die hundertmal den Wohnsitz gewechselt haben, wie ich weiß. Dieser Unruhe müde geworden, hatten sie sich in der Wernhardtstraße in Wien sozusagen für immer und endgültig niedergelassen. Aber auch die Wernhardtstraße war aufeinmal Vergangenheit. Sie trauerten Wien nicht nach, die Not war dort zu groß gewesen, das tägliche Überleben beinahe unmöglich. Meine Mutter war mit ihrem in Seekirchen angetrauten Mann in Wien geblieben. Ich sah sie jetzt selten, vielleicht zwei-oder dreimal im Jahr. Ich befand mich ganz unter dem Schutz meiner Großeltern. Hier, in dieser Bahnhofswirtschaft gegenüber dem Bahnhof, wo hinter kleinen, behutsam gepflegten Gewürzbeeten bis zum See hinunter das Moor lag, sonst nichts, ist der Anfang meiner Erinnerung, die ich als kontinuierlich bezeichnen kann. Wir hatten in der Bahnhofswirtschaft nur ein Zimmer im ersten Stock gemietet, meine Großmutter kochte, wahrscheinlich hatten wir nicht das Geld, um in der Wirtsstube unten zu essen. Mein Großvater, den ich über alles liebte, war hier aufeinmal der städtisch gekleidete Herr mit dem Spazierstock, dem man neugierig, gleichzeitig argwöhnisch begegnete. Ein Romanschreiber, ein Denker! Die Verachtung, die er auf sich zog, war größer als die Bewunderung. Der Herr hatte nicht einmal das Geld, um in die Wirtsstube essen zu gehen. Sie arbeiteten, er ging spazieren. Meine Großmutter fand auf dem Hippinggut, hoch über Seekirchen, Arbeit, sie hütete die Kinder, half beim Wäschewaschen, sie war in allem, was sie anpackte, tüchtig, sie war bald angefreundet. Sie verdiente so viel, daß wir existieren konnten. Ihre Nähkunst, die immer von allen bewundert worden war, konnte sich auf dem Hippinggut voll entfalten. Sie war in kurzer Zeit so beliebt, daß auch der Schriftsteller, der Spaziergänger, der Denker davon profitierte. Aufeinmal waren wir in Seekirchen geachtete Leute. Wir zogen aus dem Bahnhofsgasthaus in die Ortsmitte, in ein fünfhundert Jahre altes baufälliges Haus, von welchem aus ich nicht weit auf den Friedhof hatte. Wir bleiben da, sagte mein Großvater. Ich war drei Jahre alt, ich war überzeugt, daß wir, meine Großeltern und ich, ganz und gar außerordentliche Leute waren. Mit diesem Anspruch stand ich jeden Tag auf in einer

Welt, von deren Ungeheuerlichkeit ich nur eine Ahnung hatte, ich war gewillt, sie zu erforschen, sie mir klarzumachen, aufzuschlüsseln. Ich war drei Jahre alt und hatte mehr gesehen als andere Kinder meines Alters, ich hatte die Luft der Nordsee, wenn nicht gar des Atlantik ein Jahr lang eingeatmet genauso wie den würzigen Geruch der Stadt Wien. Nun atmete ich die salzburgische Landluft in vollen Zügen, die Luft meiner Eltern. Hier also war mein Vater geboren worden, hier verbrachte meine Mutter ihre Kindheit, in der Umwelt des Sees, der für mich voller ungelöster Rätsel und der Mittelpunkt zahlreicher von meinem Großvater nur für mich vor dem Zubettgehen erfundener Märchen war. Die Welt war nicht aus Mauern wie in Wien, sie war grün im Sommer, braun im Herbst, weiß im Winter, die Jahreszeiten waren noch nicht so ineinandergeschoben wie heute. Mein bevorzugter Platz in Seekirchen war von allem Anfang an der Friedhof, mit seinen pompösen Grüften, den riesigen Granitgrabsteinen der Wohlhabenden, den kleinen verrosteten Eisenkreuzen der Armen und den winzigen weißen Holzkreuzen der Kindergräber. Die Toten waren schon damals meine liebsten Vertrauten, ich näherte mich ihnen ungezwungen. Stundenlang saß ich auf irgendeiner Grabeinfassung und grübelte über Sein und sein

Gegenteil nach. Naturgemäß kam ich schon damals zu keinem befriedigenden Schluß. Die Aufschriften auf den Grabsteinen flößten mir einen ungeheuren Respekt ein, am meisten das Wort *Fabrikant*. Was ist ein Fabrikant? fragte ich mich. Oder: was ist ein Ingenieur? Ich lief nachhause und stellte meinem Großvater die Frage nach dem Fabrikanten wie nach dem Ingenieur, nun hatte ich die Erklärung. Immer, wenn mir etwas spanisch vorgekommen war, wenn ich in meiner Aufklärungsbemühung scheiterte, lief ich, gleich von wo, zu meinem Großvater. Ich solle es mir zur Gewohnheit machen, so lange über eine ungelöste Frage nachzudenken, bis sich die Lösung von selbst ergebe, sagte mein Großvater, dann hätte ich mehr davon. Die Fragen häuften sich, die Antworten waren immer mehr Mosaiksteine des großen Weltbilds. Und wenn wir das ganze Leben ununterbrochen Fragen beantwortet bekämen und hätten schließlich alle Fragen gelöst, wir wären am Ende doch nicht viel weiter gekommen, so mein Großvater. Ich beobachtete mit Liebe, wie er schrieb und wie ihm meine Großmutter dabei aus dem Weg ging, behutsam lud sie zum Frühstück, zum Mittagessen, zum Nachtmahl, wir hatten die Behutsamkeit meinem Großvater gegenüber zu unserer Hauptdisziplin gemacht, solange er lebte, war die Behutsamkeit oberstes Gebot. Alles mußte leise gesprochen sein, wir mußten leise gehen, wir mußten uns ununterbrochen leise verhalten. Der Kopf ist zerbrechlich wie ein Ei, so mein Großvater, das leuchtete mir ein, erschütterte mich gleichzeitig. Um drei Uhr früh stand er auf, um neun ging er spazieren. Nachmittags arbeitete er noch zwei Stunden zwischen drei und fünf. Der Weg auf die Post war der Höhepunkt: ob eine Geldanweisung aus Wien für ihn da sei. Meine Mutter überwies für mich einen Großteil ihres Verdienstes. Heute weiß ich, wir lebten in Seekirchen von diesem Geld. Zusätzlich brachte meine Großmutter die Früchte ihrer Nähkunst und des Kinderaufpassens etcetera von Hipping herunter. Ich hatte einen Freund gefunden, den einzigen Sohn des Käsereibesitzers Wöhrle, des wohlhabendsten Mannes der ganzen Region. Ich lernte ein sogenanntes großes Haus kennen, mit Säulengängen aus Marmor und mit großen Zimmern, in welchen persische Teppiche lagen. Als ich mich mit meinem Freund für immer verschworen hatte, starb er, vierjährig, an einer unerklärlichen Krankheit. Wo er mit mir noch Tage vorher gespielt hatte, in der Gruft seiner Familie, über welcher ein riesiger Marmorengel die Flügel ausbreitete, lag er nun, ich rief seinen Namen, bekam aber keine Antwort. Die Marmorplatte lag auf ihm und auf unserer Freundschaft. Tagelang ging ich auf den Friedhof zur Wöhrlegruft, aber es nützte nichts, meine Bitten wurden nicht erhört, ich sah, daß meine Beschwörungen völlig umsonst waren. Die Blumen waren verwelkt, ich kniete da und weinte. Zum erstenmal hatte ich einen Menschen verloren. Jedes zweite oder dritte Haus im Ort war ein Wirtshaus, aber ich war noch in kein einziges eingetreten, in der Dämmerung waren alle überfüllt, und der ganze Ort war voll Musik aus den Wirtshäusern. Aber der Besuch eines Wirtshauses kam nicht in Frage. Ich kann mich nicht erinnern, jemals mit meinem Großvater in einem Wirtshaus gewesen zu sein. Was mir in der ersten Seekirchner Zeit verwehrt gewesen war, sollte später zur Regel werden. Wenn ich hinter zugezogenen Vorhängen in meinem Bett lag, horchte ich auf die Geräusche aus den Wirtshäusern. Was bewirkte, daß alle diese Leute so gut aufgelegt waren, daß sie nur tanzten und sangen? Der Mond erhellte mein Bett, ein großes Zimmer, von dessen Wänden Tapetenfetzen mit großen Blumenmustern herunterhingen. Ich blickte von meinem Bett aus direkt in den Orient. Ich schlief in einem Palmengarten. Ich hatte eine Moschee an einem blauen Meeresufer. In der Nacht hörte ich die Mäuse unter und über meinem Bett, sie kamen

jede Nacht, obwohl sie so hungrig, wie sie gekommen waren, wieder abziehen mußten, denn
hier fanden sie nichts. Ich hatte schon Träume,
und diese Träume konzentrierten sich auf riesige
Häuserblöcke, wahrscheinlich hatte ich diese
Bilder aus Wien nach Seekirchen mitgebracht.
Noch war ich hier nicht zuhause, die Wernhardtstraße war der Schauplatz meiner nächtlichen
Phantasien gewesen, die Ameisbrücke, das Wilhelminenspital, Steinhof, das Irrenhaus. Aber
direkt vor dem Irrenhaus lag dann der Wallersee,
Palmen wuchsen in der Wernhardtstraße in die
Höhe, überwucherten schließlich alles, das be-
lustigte mich, ließ mich am Ende in Angst zurück. Ich schrie auf und war wach. Ein riesiger
Steinkoloß war auf meinen Großvater zugerollt
und hatte ihn erdrückt. Wir wohnten nicht lang
in der Ortsmitte. Alles war immer als Proviso-
rium bezeichnet worden, auch diese Behausung
war nur eine kurzfristige gewesen. Eines Tages
zogen wir drei, mein Großvater, meine Großmutter und ich, einen alten, wahrscheinlich nicht
nur für diesen Zweck angeschafften kleinen Leiterwagen mit unseren gesamten Habseligkeiten
auf die sogenannte Bräuhaushöhe. Vor dem alten
Bräuhaus, einem dem Verfall überlassenen, drei-
hundert Jahre alten Gebäude, in welchem in riesigen Kellergewölben Bier und Wein gelagert

waren und in welchem ein paar, wie mein Großvater sagte, bettelarme Leute für einen Spottzins
wohnten, stand ein kleines, dem Seekirchner
Marktflecken zugewandtes, einstöckiges Holz-
blockhaus. Es war aus Eisenbahnschwellen ge-
zimmert worden und gehörte einem Bauern in
der Nähe des Hippinghofs. Es war lustig anzu-
schauen und hatte einen großen Balkon an der
Vorderseite. Von diesem Balkon aus sah man
über dem Marktflecken den See und an klaren
Tagen das Gebirge. Es war eine der billigsten Be-
hausungen in der ganzen Gegend, wir hatten eine
herrliche Aussicht und unter dem Balkon einen
Garten, und es hatte zwei Räume unten und zwei
oben und einen geräumigen Stiegenaufgang mit
einer Tür auf den Balkon. Zwischen Treppenende und Balkontür hatte ich meinen Platz. Von
meinem Bett aus sah ich im Hintergrund das Gebirge. An die Mäuse, die auch hier die Nacht beherrschten, war ich gewöhnt. War es notwendig,
mußte ich in der Nacht die finstere Treppe hinunter und bei der Haustür hinaus und an der
Hauswand entlang bei jedem Wetter, im Winter
durch den Schnee, auf den Abort, der an das
Haus angezimmert war, durch einen schmalen
Bretterspalt sah ich direkt auf das große Bräu-
haustor. Hier, auf meinem Weg von der Haustür
zum Abort und wieder zurück, hatte ich Angst,

mein Großvater hatte zuviel von herumstreunenden Zigeunern, Händlern und überhaupt Verbrechern erzählt, die in der Nacht die Gegend unsicher machten. Wieder ins warme Bett zu steigen, war ein Hochgenuß. Ebenerdig hatten wir ein großes Zimmer, das allen zugänglich war. Dahinter lag das großväterliche Arbeitszimmer, das von mir ohne ausdrückliche Erlaubnis nicht betreten werden durfte. Im ersten Stock stand, wie gesagt gleich am Treppenende, mein Bett, gegenüber war das Schlafzimmer meiner Großeltern, von meinem Bett aus gesehen rechts ging es in die Küche, dahinter, unter dem Dach, war noch ein kleiner Verschlag, den wir hochtrabend Speisekammer nannten und in welchem in meiner Erinnerung ein großer Schmalzkübel steht, über dem eine Menge Zwiebelzöpfe hängen etcetera. Die Naturalien stammten alle aus dem Hippinghof, wo meine Großmutter arbeitete. Es gab übrigens noch kein elektrisches Licht, und das Petroleum spielte eine große Rolle. Eines Tages kam es, und meinem Großvater mußte zur gleichen Zeit die Veröffentlichung eines Artikels gelungen sein, denn wir bekamen einen Eumig-Radioapparat, den mein Großvater, wie das damals üblich war, in der Küchenecke auf einem an die Wand geschraubten Brett postierte. Andächtig saßen wir von da an am Abend am Küchen-

tisch und hörten. Dieses Radio sollte ein paar
Jahre später eine große Rolle spielen, es war letztenendes daran schuld, daß mein Großvater in
Traunstein in Verwahrung genommen und in
ein zu einem nationalsozialistischen Parteibüro
umfunktionierten Kloster dienstverpflichtet
wurde. Durch meine Großmutter kam ich auf
den Hippinghof. Hier war mein Paradies. Auf
dem Hof gab es an die siebzig Kühe und sogenannte Jungtiere, ganze Horden von Schweinen und, abgesehen von Hunderten von Hühnern, die überall aufflatterten und den ganzen
Tag von der Frühe bis in die Nacht hinein alles
zergackerten, drei oder vier Pferde. Den Traktor
gab es noch nicht. Am Abend, in der Stube, die
größer als unser ganzes Haus war, waren an die
zwanzig Dienstboten versammelt, von den Pferdeknechten angefangen bis zu den Küchenmen-
schern und Stalldirnen, die sich nach der Arbeit
alle auf einer die ganze Stube entlangführenden
jahrhundertealten Holzbank in einer Reihe von
Emailleschüsseln das Gesicht und den Oberkör-
per oder auch nur das Gesicht und nur den Ober-
körper und die Füße wuschen, die sich auf dieser
Bank die pomadisierten Haare kämmten oder
auch nur dasaßen und schauten. Nach dem
Nachtmahl, das aus einer einzigen großen Schüs-
sel gegessen wurde, verzogen sich die einen in

den Ort hinunter, die meisten gleich ins Bett, und ein paar setzten sich noch an den Tisch, um etwas zu lesen. Es gab Stöße von Kalendern und etliche Romane, auf deren Umschlagdeckeln hoch zu Roß ritterlich gekämpft oder von Chirurgen Bäuche geöffnet wurden. Man vertrieb sich auch die Zeit mit Kartenspiel. Etwa einmal in der Woche durfte ich auf dem Hippinggut übernachten, allerdings mußte ich vorher noch die zwei Liter Milch, die wir auf dem Hippinggut bekamen, in der Kanne nachhause tragen. Meistens war es, jedenfalls im Herbst, schon recht finster bei dieser Gelegenheit, und ich hatte immerhin einen halben Kilometer zu laufen, zuerst etwa die Hälfte der Strecke zum Bach hinunter, dann auf der anderen Seite wieder hinauf. Da hatte ich Angst. Ich nahm mir vom Hippinghof weg einen Anlauf und rannte, so schnell ich konnte, zum Bach hinunter, um mit dem Schwung, den ich durch die Rücksichtslosigkeit meinen Lungen gegenüber erreicht hatte, so rasch wie möglich auf der anderen Seite wieder hinauf und also nachhause zu kommen. Meine Großmutter wartete schon auf die Milch und kochte sie ab. Ein besonderer Triumph meinerseits bestand auf diesen Milchläufen für mich immer darin, während des Laufens die Milchkanne mit der Rechten in einem Schwung über meinen Kopf und wieder herunter im Kreis zu schleudern, sodaß die Milch, obwohl die Kanne keinen Deckel hatte, nicht herauskonnte. Ich versuchte es einmal etwas langsamer. Die Milch ergoß sich auf mich. Ich hatte eine Katastrophe heraufbeschworen. Manchmal war ich wochenlang in Hipping, ich schlief neben den Pferdeknechten mit meinem neuen Freund, dem sogenannten Hippinger Hansi, dem älteren von zwei Hippinger Söhnen, zusammen. In den Räumen waren nur Betten aufgestellt, an den Wänden waren reihenweise Haken angebracht, auf welchen das verschiedenste Roßzeug hing. Die Tuchenten waren schwer, aber wir lagen auf Roßhaar, heute weiß ich, was das bedeutet. Um halb fünf Uhr standen wir mit den Roßknechten auf. Die Hähne krähten, die eingespannten Pferde schüttelten sich. Nach einem in der Küche eingenommenen Frühstück, das aus Kaffee und einem sogenannten Milchbrot bestand, ging es hinaus. Ich lernte die Bauernarbeit kennen. In der Ferne, gegen Mittag, entdeckte ich meinen Großvater, ich lief querfeldein auf ihn zu. Im Sommer trug er nur Leinenkleidung und einen Panamastrohhut. Er ging nicht ohne Spazierstock. Wir verstanden uns. Ein paar Schritte mit ihm, und ich war gerettet. Es war richtig gewesen, aus Wien wegzugehen, er lebte auf. Aus dem jahraus-jahrein mehr oder weniger immer in seinem Arbeitszimmer in der Wernhardtstraße sitzenden sogenannten Geistesmenschen war ein unermüdlicher Spaziergeher geworden, der, wie kein zweiter in meinem Leben, das Spazierengehen zu einer hohen, allen anderen gleichgestellten Kunst machte. Nicht immer durfte ich ihn auf seinen Spaziergängen begleiten, die meiste Zeit wollte er allein und ungestört sein. Vor allem dann, wenn er mitten in einer größeren Arbeit war. Nicht die geringste Ablenkung darf ich mir leisten, sagte er dann. Aber wenn ich ihn begleiten durfte, war ich der glücklichste Mensch. Ich hatte auf diesen Spaziergängen ein grundsätzliches Redeverbot, das nur selten aufgehoben wurde von ihm. Wenn er eine Frage hatte oder ich. Er war mein großer Erklärer, der erste, der wichtigste, im Grunde der einzige. Tiere und Pflanzen bezeichnete er mit seinem Stock, an jedes auf solche Weise hervorgehobene Tier und an jede mit dem Stock ins Zentrum gestellte Pflanze heftete er einen kleinen Vortrag. Es ist wichtig, daß man weiß, was man sieht. Man muß nach und nach alles wenigstens bezeichnen können. Man muß wissen, woher es kommt. Was es ist. Andererseits verabscheute er Leute, die alles wußten oder wissen wollten. Das seien die gefährlichsten. Wenigstens einen zulänglichen Begriff muß man von allem haben, so

er. In Wien hatte er meistens nur *grau* und *scheuß-
lich* gesagt. *Was für entsetzliche Straßen, was für
entsetzliche Menschen.* Obwohl er, wie alle Geistesmenschen, ein Stadtmensch war, geworden
war. Er war einmal lungenkrank gewesen, das
mag auch den Ausschlag gegeben haben für den
Entschluß, aus Wien wegzugehen nach Seekirchen. Schon mit fünfundzwanzig war er mit meiner Großmutter auf Anraten der Ärzte ein Jahr
in Meran gewesen. Dort heilte er sich vollkommen aus. Ein Wunder, denn er spuckte monatelang Blut und hatte ein großes Loch in der Lunge,
und ich weiß, was das heißt. Die Disziplin heilte
mich, so er. In Meran hatte meine Großmutter,
um den Aufenthalt überhaupt zu ermöglichen,
bei der Familie eines englischen Urwaldforschers
gearbeitet, der die meiste Zeit des Jahres in Kenia
lebte und, so meine Großmutter, nur zweimal im
Jahr mit Panther- und Löwenhäuten nach Meran
nachhause gekommen ist. Die Frau des Urwaldforschers, der in der schönsten Gegend von
Obermais eine herrschaftliche, schloßähnliche
Villa besaß, ließ meine Großmutter den Heb-
ammenberuf erlernen. Das sollte sich für ihr weiteres Leben bezahlt machen. Mein Großvater
setzte sich auf einen Baumstumpf und sagte:
Dort, die Kirche! Was wäre dieser Ort ohne die
Kirche. Oder: Da, dieser Sumpf! Was wäre diese

Öde ohne diesen Sumpf. Stundenlang saßen wir vor allem am Ufer der Fischach, die aus dem Wallersee Richtung Salzach fließt, in vollkommenem Einverständnis. Etwas Großes im Auge haben, war seine fortwährende Mahnung, das Höchste! Immer das Höchste im Auge haben! Aber was war das Höchste? Wenn wir uns umsehen, umgibt uns nur die Lächerlichkeit und die Erbärmlichkeit. Dieser Lächerlichkeit und dieser Erbärmlichkeit gilt es zu entkommen. Das Höchste im Auge haben! Ich hatte von da an immer das Höchste vor Augen. Aber ich wußte nicht, was das Höchste war. Wußte er es? Die Spaziergänge mit ihm waren fortwährend nichts anderes als Naturgeschichte, Philosophie, Mathematik, Geometrie, Belehrung, die glücklich machte. Ein Jammer, sagte er, daß wir mit allem, was wir wissen, nicht weiter kommen. Das Leben sei eine Tragödie, bestenfalls könnten wir sie zur Komödie machen. Mit dem Hippinger Hansi verband mich eine innige Freundschaft. Er war so alt wie ich, mein Großvater bestätigte ihm eine hohe Intelligenz und prophezeite ihm einen geistigen Werdegang. Er hat geirrt, Hansi hatte schließlich den Hof übernehmen und seine Ambitionen auf den Geist begraben müssen. Wenn ich ihn heute besuche, schütteln wir uns die Hände und haben uns nichts zu sagen. Die Erinnerung zeigt aber,

daß wir mehrere Jahre unseres Lebens, nicht die
unwichtigsten, vielleicht sogar die entscheiden-
den, ein Herz und eine Seele gewesen sind, wie
gesagt wird. Eine Verschwörung wider die Umwelt, die uns als schön genauso wie als böse bekannt war. Wir hüteten die strengsten Geheim-
nisse, wir machten die ungeheuerlichsten Pläne.
Wir waren fortwährend auf die Abenteuer aus,
die in unseren Träumen Verwirklichung bean-
spruchten. Wir erfanden uns eine Welt, die mit
der Welt, die uns umgab, nichts zu tun hatte. Wir
hockten im Heu und berichteten einander von
unseren äußeren Zweifeln und inneren Ängsten.
Wir arbeiteten um die Wette, auf dem Feld, im
Pferdestall, im Kuhstall, bei den Schweinen und
unter den Hühnern, und wir brachten auf einem
sogenannten Einspänner schon mit fünf Jahren
die Milch in die Molkerei. Mit der Milch fuhren
wir hinunter, mit einer Kanne Molke kamen wir
wieder zurück. Die Strenge seiner Eltern galt
auch für mich, auf dem Hippinghof herrschten
Zucht und Ordnung, die Menschen behandelten
sich selbst oft nicht so gut wie das Vieh. Der
Vater schlug den Sohn bei jeder Gelegenheit mit
einem alten Lederriemen, den er selbst fünfzig
Jahre vorher schon zu spüren bekommen hatte
von seinem Vater. Der Hansi schrie auf, mich
verjagten die Hippinger, wenn es sich um ein

Vergehen handelte, das der Hansi gemeinsam mit mir begangen hatte. Die Grenzen der Toleranz waren auf dem Hippinghof bald überschritten. Während der Arbeitszeit gab es nichts zu lachen, am Abend waren die meisten zu müde dazu. Trotzdem, es war das Paradies. Und ich war mir, während ich in diesem Paradies lebte, dieser Tatsache durchaus bewußt. Unter der bedingungslosen Strenge waren wir doch sicher gewesen, fühlten wir uns zuhause, ich fühlte mich auf dem Hippinghof genauso zuhause wie bei uns im sogenannten Mirtelbauernhäusl, benannt nach dem Besitzer, es war ein Riesenreich, in welchem die Sonne nicht unterging. Die Gewitter waren nur kurz, die Offenheit, mit welcher auf dem Hippinghof alles geklärt wurde, eine absolute Notwendigkeit, duldete keine Verfinsterung. Eine Ohrfeige, ein Riemenschlag, die Sache war erledigt. Die nächste Mahlzeit wurde wieder in völliger Normalität eingenommen. Am Sonntag gab es die besten Topfenpalatschinken, die ich jemals gegessen habe, sie kamen in großen Wuchtelpfannen direkt auf den Tisch. Das war die Krönung. In aller Frühe wurde in die Kirche gegangen. Im sogenannten Sonntagsanzug. Mich schauderte unter den Verfluchungen, die von der Kanzel herunter kamen. Ich begriff das Schauspiel nicht, und ich ging jedesmal unter in der dichtgedräng-

ten Menge, die sich alle Augenblicke nieder-
kniete, dann wieder aufstand, ich wußte nicht,
warum und wieso, ich getraute mich auch nicht
zu fragen. Der Weihrauch stieg mir in die Nase,
aber er erinnerte mich an den Tod. Die Wörter
Asche und *Ewiges Leben* setzten sich in meinem
Kopf fest. Das Schauspiel zog sich in die Länge,
die Komparserie bekreuzigte sich. Der Hauptdar-
steller, der Dechant gewesen war, gab seinen
Segen. Die Assistenten buckelten alle Augenblicke, schwangen die Weihrauchfässer und
stimmten ab und zu mir unverständliche Ge-
sänge an. Mein erster Theaterbesuch war mein
erster Kirchenbesuch, in Seekirchen bin ich zum
erstenmal in eine Messe gegangen. Lateinisch!
Vielleicht war das das Höchste, von dem mein
Großvater gesprochen hatte? Am liebsten hatte
ich die von mir so genannten Schwarzen Messen,
die Leichenmessen, in welchen die absolut vor-
herrschende Farbe Schwarz war, hier hatte ich
die schauererzeugende Tragödie zum Unterschied von dem normalen sonntägigen Schauspiel
mit seinem versöhnlichen Ausgang. Die ge-
dämpften Stimmen liebte ich, das der Tragödie
angemessene Schreiten. Begräbnisse begannen im
Hause des Verstorbenen, der Tote war zwei oder
drei Tage in seinem Vorhaus aufgebahrt, bis ihn
der Leichenzug abholte, zuerst in die Kirche,

dann auf den Friedhof. Starb ein Nachbar oder sonst ein wohlhabender oder gar reicher oder eben einflußreicher Mann, gingen alle hin. Sie bildeten einen fast immer hundert Meter langen Zug hinter dem Sarg, dem der Pfarrer mit seinem Gefolge vorausschritt. Die aufgebahrten Toten hatten entstellte Gesichter, von ausgeflossenem und dann vertrocknetem Blut sehr oft verunstaltet. Es nützte oft nichts, das Kinn an den übrigen Kopf zu binden, es blieb unten, und der Beobachter starrte in die finstere Mundhöhle. Die Aufgebahrten lagen im Sonntagsanzug da, die Hände um einen Rosenkranz gefaltet. Der Geruch des Toten und der Kerzen, die zu beiden Seiten seines Kopfes aufgestellt waren, war süßlich, abstoßend. Tag und Nacht ohne Unterbrechung bis zum Begräbnis wurde die Totenwache gehalten. Männer und Frauen wechselten sich im Rosenkranzbeten ab. Man mußte schon mindestens mit drei Stunden rechnen, bis der Tote in seinem Grab war. Vor dem gestanzten Silberblech auf den schwarzen Särgen, das den gekreuzigten Christus darstellen sollte, ekelte es mich. Diese Begräbnisse machten den größten Eindruck auf mich, zum erstenmal in meinem Leben sah ich, daß die Menschen starben und daß man sie eingrub und so gut zuschüttete, daß sie die Lebenden absolut nicht mehr vergiften konnten. Noch glaubte ich nicht daran, eines Tages selbst sterben zu müssen, auch an den Tod meines Großvaters glaubte ich nicht. Alle sterben, ich nicht, alle, nicht mein Großvater, war meine Sicherheit. Nach dem Begräbnis ging es in die Wirtshäuser, die Hippinger gingen zum sogenannten Pommer, der auch Fleischer war, dessen Fleischhauerei direkt an die Friedhofsmauer angebaut war, zum Würstelsuppenessen. Zwei Wiener Würstel in einer Rindssuppe mit Nudeln waren der absolute Höhepunkt eines jeden Begräbnisses. Die Verwandten des Toten hatten ihren eigenen Tisch, alle saßen sie schwarz eingezwängt in ihren nach Naphthalin stinkenden Kleidern, die übrigen an anderen Tischen, und löffelten mit größtem Genuß die Suppe aus, wobei die weißen Nudeln sehr oft an ihren schwarzen Jacken und Blusen hängenblieben, weil sie zu lang waren. Das Pommersche Würstelsuppenessen, das übrigens nicht nur nach Begräbnissen, sondern auch nach den gewöhnlichen sonntäglichen Messen stattfand, ermöglichte wie keine andere Gelegenheit das Studium meiner Landsleute. Totenmessen hatte ich aber auf alle Fälle lieber als normale. Möglichst viele sollten möglichst oft sterben, wünschte ich. Ich war damals noch nicht fünf Jahre alt, da fragte mich der Dechant, der gleichzeitig der Direktor der Volksschule war, auf der

Straße, ob ich nicht Lust hätte, ein Jahr früher als vorgeschrieben in die Schule einzutreten, er habe fast nur Mädchen in der Klasse, das sei langweilig, natürlich müsse ich die Erlaubnis meines Großvaters einholen. Für den Dechanten war mein Großvater, den er inzwischen auf beider Spaziergängen kennengelernt hatte, eine absolute Respektsperson, das merkte ich gleich, vor allem an der Art und Weise, wie er das Wort *Großvater* sagte. Ich hatte Lust, aber, sagte ich, ich wolle nicht ohne meinen Freund, den Hippinger Hansi, in die Schule eintreten, sicher dürfe der Hippinger Hansi zugleich mit mir in die Schule eintreten. Der Hippinger Hansi durfte, weder seine Eltern noch der Dechant hatten etwas dagegen. Mein Großvater hatte sofort eingewilligt, allerdings, hatte er gesagt, die Lehrer sind Idioten, ich warne dich vor ihnen, ich habe dich über sie aufgeklärt. Ich bekam eine alte Schultasche, die eigens für mich vom Dachboden des großväterlichen Elternhauses in Henndorf heruntergeholt worden war und die meine Großtante Rosina mit Schmollpasta aufpolierte. Angeblich hatte diese Schultasche schon ihr Vater getragen. Den Duft des alten Leders liebte ich. Der erste Schultag gipfelte in einer Fotografie, die von der ganzen Klasse gemacht wurde und die ich noch heute besitze, in der Mitte oben die Lehrerin, darunter, in zwei Reihen, die Schülerinnen und Schüler mit ihren Bauerngesichtern, die Überschrift der Fotografie lautet: *mein erster Schultag.* Ich habe darauf eine lange Lodenjacke an, bis zum Hals zugeknöpft, und einen viel ernsteren, melancholischeren Blick, als er dem Anlaß entsprochen hätte. Ich sitze in der zweiten Reihe, in der ersten haben sie alle gekreuzte Beine und sind barfuß. Wahrscheinlich bin auch ich barfuß gewesen. Die Kinder in Seekirchen und Umgebung liefen von Ende März bis Ende Oktober barfuß, sonntags schlüpften sie in Schuhe, die so groß waren, daß sie damit kaum gehen konnten, weil sie für mehrere Jahre gedacht waren und jedes erst langsam hineinwachsen mußte. Zum Schulbeginn war mir von dem ortsansässigen Schneider Janka eine Pelerine gemacht worden, die mir bis zu den Knöcheln hinunterreichte. Ich war stolz auf sie. Der Hippinger Hansi hatte kein derartig kostbares Kleidungsstück. Wurde es kalt, setzten wir von den Großmüttern selbst gestrickte Hauben auf und hatten Strümpfe aus der gleichen Wolle an unseren Füßen. Alles war für die Ewigkeit gestrickt und geschneidert. Aber ich sah doch immer anders aus als die andern, eleganter, wie mir schien, ich fiel sofort auf. In den ersten Schultagen, erinnere ich mich, hatten wir eine Petroleumlampe zu zeichnen, von allen abgelieferten Zeichnungen war meine am besten gelungen, die Lehrerin hob sie, vor der Tafel stehend, in die Luft und sagte, das sei die beste Zeichnung. Ich war ein guter Zeichner. Aber ich habe diese Möglichkeit nicht weiter verfolgt, sie verkümmerte wie so viele andere. Ich war der Lieblingsschüler der Lehrerin. Mit mir sprach sie in einem auffallend liebenswürdigen Ton, er war immer heller als der Ton für die andern. Meine erste Lehrerin gefiel mir außerordentlich. Die meiste Zeit saß ich in der Bank, naturgemäß neben dem Hippinger Hansi, und bewunderte sie. Sie trug ein englisches Kostüm und hatte einen zu dieser Zeit in höchster Mode stehenden Mittelscheitel. Am Ende des ersten Schuljahres stand auf dem Zeugnis, unterstrichen, *hat einen besonderen Fleiß*. Ich wußte selbst nicht, wie ich dazu kam. Ich hatte lauter Einser, das erste und gleichzeitig auch das letztemal in meinem Leben. In der Ecke des Schulzimmers stand ein riesiger Kachelofen, der mit den Holzscheitern geheizt wurde, die von den Schülern in der Frühe von zuhause in die Schule mitgebracht wurden. Jeder hatte unter dem Deckel seiner Schultasche ein Holzscheit eingeklemmt. Die Reichen hatten große, die Armen hatten kleine Holzscheiter mitgebracht. Es gab keine Vorschrift, wie groß das Holzscheit zu sein hatte. Mit den Scheitern des

Vortags erwärmte sich das Schulzimmer bald. Das Feuer prasselte schon, wenn der Unterricht begann, der Ofen wurde abgesperrt, die Wärme hielt bis zum nächsten Morgen. Das Gebäude war über zweihundert Jahre alt und ist heute längst abgerissen. Der Dechant und Direktor hatte nur ein paar Schritte aus dem Pfarrhof zu gehen, schon war er in der Schule und umgekehrt. In die Kirche war es ein Katzensprung. Spielte der Organist auf der Orgel, hörte man es im Schulzimmer. Vormittags wurden vier Stunden, nachmittags zwei Stunden unterrichtet. Die einstündige Mittagspause genügte nicht, nachhause und wieder zurück zu gehen. Bei dem örtlichen Friseur, in einem kleinen, feuchten, einstöckigen Haus in einem Georginengarten, der Mitte Herbst seine ganze Pracht entfaltete, gab es für mich und den Hippinger Hansi einen sogenannten Mittagstisch. Die Frau des Friseurs kochte uns tagtäglich abwechselnd Nudel- oder Haferschleimsuppe. Dazu gab es ein Stück Brot. Die Großeltern bezahlten den Mittagstisch. Jahrelang bin ich in der Mittagspause durch das Gartentor des Friseurs Sturmayr, um meinen Hunger zu stillen. Leider bestand der Unterricht nicht nur aus dem Zeichnen von Petroleumlampen, es mußte auch gerechnet und geschrieben werden. Alles langweilte mich von Anfang an.

Meine Einser hatte ich wohl der unausgesetzten Bewunderung meiner Lehrerin zu verdanken, weder meinem Können noch meinem Fleiß, beides existierte nicht. Mein Großvater hatte gesagt, daß die Lehrer Idioten seien, arme Schlucker, stumpfsinnige Banausen, daß sie auch schön sein können, wie meine Lehrerin, davon hatte er nichts gesagt. Ging die Schulklasse an den See, war es selbstverständlich, daß ich in der ersten Reihe war. Betraten wir die Kirche, betrat ich sie als erster. Bei der Fronleichnamsprozession war ich allein derjenige, der die Kinder anführte und die Fahne mit der aufgemalten Mutter Maria trug. Dieses erste Jahr brachte mir, was das Wissen betraf, nichts Neues, aber ich kostete es zum erstenmal in meinem Leben aus, in einer Gemeinschaft der Erste zu sein. Es war ein Hochgefühl. Ich genoß es. Ich ahnte, daß es nicht für die Ewigkeit bestimmt war. In der zweiten Klasse hatten wir einen Lehrer, eine solche Figur, wie sie mir mein Großvater oft beschrieben hatte, mager, despotisch, nach oben buckelnd, nach unten tretend. Ich hatte ausgespielt. Die Klasse staunte, wie dumm ich aufeinmal war, über Nacht. Kein Diktat war gelungen, keine Rechnung, nichts. Ich zeichnete, aber ich bekam nur ein *genügend.* Jetzt war die Zeit des Hippinger Hansi angebrochen. Er hatte mich überflügelt. Hatte ich einen Vierer,

hatte er einen Zweier, hatte ich einen Zweier, was
selten vorkam, hatte er einen Einser undsofort.
Jetzt bereute ich sogar, vorzeitig in die Schule eingetreten zu sein. Andererseits, so dachte ich, habe
ich einen Vorsprung und bin um ein Jahr früher
aus der Hölle heraußen. Mich interessierten nurmehr noch das Zeichnen und die Geografie. Wenn
ich das Wort London las, war ich begeistert, oder
Paris oder New York, Bombay oder Kalkutta. Ich
verbrachte halbe Nächte über Europa, das ich in
meinem Atlas aufgeschlagen hatte, über Asien,
über Amerika. Ich ging durch die Pyramiden
durch, ich bestieg Persepolis, ich war im Tadsch
Mahal. Ich ging in den Wolkenkratzern ein und
aus und betrachtete vom Empire State Building
aus die übrige Welt, die mir zu Füßen lag. Basel,
der Geburtsort meiner Mutter, was für ein Wort!
Ilmenau in Thüringen, in der Landschaft Goethes,
wo mein Großvater Technik studiert hatte! Noch
heute ist meine Lieblingslektüre der Atlas. Immer
die gleichen Punkte, immer andere Phantasien.
Einmal würde ich in Wirklichkeit überall da sein,
worauf mein Finger zeigte. *Mit dem Finger über
die Landkarte*, für mich war das kein gedankenlos
hingeworfener Spruch, es war ein Hochgefühl.
Ich träumte von meinen zukünftigen Reisen und
wann und auf welche Weise ich sie machen
würde. Während des Unterrichts sah ich immer

mehr in die Wolkenkratzerschluchten von Manhattan als auf die Tafel vor mir, auf welcher der Lehrer mathematische Öde ausbreitete. Ich haßte aufeinmal Tafel und Kreide, die ich bis dahin bewundert hatte, sie brachten nur Unheil. Die Griffel zerbrachen mir, weil ich zu fest zu schreiben ansetzte, ich war kein Schönschreiber, es war nicht zu lesen, was ich ablieferte. Alle paar Tage hatte ich meinen Schwamm verloren, ich mußte auf die Tafel spucken und mit meinen Ellenbogen das Daraufgeschriebene abwischen, auf diese Weise wetzte ich in kürzester Zeit meinen Rock durch. Das wiederum verärgerte meine Großmutter, die mit dem Flicken, sonst ihre Leidenschaft, nicht mehr nachkam. So war ich sehr bald in einem Teufelskreis gefangen, der sich nach und nach zum Alptraum entwickelte und der mir schon in aller Frühe den Hals zuschnürte. Ich rutschte nach unten. Ein anderer war der Beste, ein anderer schritt voran, ein anderer trug die Marienfahne am Fronleichnamstag, ein anderer wurde öffentlich vor der Tafel belobigt. Ich mußte jetzt sehr oft vor dem Lehrerpult Aufstellung nehmen, damit mir der Lehrer mit dem Stock auf die Hand schlagen konnte. Ich hatte meistens geschwollene Hände. Zuhause sagte ich von meinem Mißgeschick nichts. Ich haßte den Lehrer mit der gleichen Intensität, mit welcher ich die Lehrerin, seine Vorgängerin, geliebt hatte. Banausen, mein Großvater hatte recht. Aber was nützte mir das? Mein zweites Zeugnis war bereits von mehreren *genügend* verunstaltet. Meine Großeltern waren verzweifelt. Wie kommt es zu diesem Zeugnis? Die großväterliche Frage war nicht zu beantworten. So geht das nicht, kommentierte mein Großvater die Misere. Es ging so und es ging immer weiter so und immer weiter bergab. In der dritten Klasse war ich nahe daran, sitzenzubleiben. Dieser Schande bin ich entkommen. Eines Tages hieß es, wir übersiedeln, und zwar nach Traunstein, nach Bayern, an welchem mein Großvater kein gutes Wort ließ, denn es lag in Deutschland, und an Deutschland ließ er, wenn er schlecht gelaunt war, ob es jetzt überhaupt zur Sachlage paßte oder nicht, kein gutes Haar. Die Deutschen! sagte er immer, es war das Abfälligste, das sich denken ließ, niemand wußte, was diese Bemerkung mit dem zu tun hatte, was ihn gerade in Rage brachte. Die Deutschen! Kaum hatte er das Donnerwort ausgesprochen, löste sich seine Verkrampfung, und er normalisierte sich. Sein Schwiegersohn hatte in Bayern, also in Deutschland, nirgends sonst, eine Arbeit gefunden. Das Paradies war beendet. Die allgemeine Arbeitslosigkeit in Österreich hatte mich daraus vertrieben, indirekt. Eine

Kleinstadt in den Bergen, am Chiemsee! rief er aus, als handelte es sich um eine Katastrophe. Aber wir müssen ja existieren! Die Tatsache, daß ich jetzt vor den Großeltern, an deren Übersiedlung zuerst noch gar nicht gedacht worden war, mit meiner Mutter und deren Mann nach Traunstein ziehen sollte, machte mich unglücklich. Es war mir nicht begreiflich zu machen, daß Seekirchen zuende sei. Es war wieder nur eine Zwischenstation gewesen. Ohne Großvater weiterzuleben unter dem Regime eines fremden Mannes meiner Mutter, der von meinem Großvater je nach Laune abwechselnd als *Dein Vater* oder *Dein Vormund* betitelt wurde, erschien mir das Unmöglichste von der Welt. Die Katastrophe bedeutete, Abschied zu nehmen von allem, das zusammen tatsächlich mein Paradies gewesen war. Das Mirtelbauernhäusl, Hipping, nicht zu vergessen die Ritzinger Hilda, die Schrankenwärterstochter, die mich in die Kunst des Schlittenfahrens eingeführt hat und deren Ohnmachtsanfälle mir als die höchstmögliche theatralische Kunst in Erinnerung sind. Wollte sie, wie ich erst fünfjährig, ein sogenanntes Zuckerl aus der Küchenkredenz ihres kleinen, direkt an der sogenannten Westbahn gelegenen Schrankenwärterhauses, in welchem ich die letzte Seekirchner Zeit manche Woche öfter als in Hipping gewesen war, fiel sie, wenn ihre Mutter nahte, in Ohnmacht. Die Mutter stürzte sich auf das auf dem Boden liegende Kind, das einzige, wie sich denken läßt, und blies ihm Luft in den Mund, als wollte sie es wiederbeleben. War ich Zeuge dieser dramatischen Situation, blinzelte mir die Hilda von der Seite her zu und ließ der Rettungsaktion der Mutter freien Lauf. Das Kind stellte sich, auf dem Boden liegend, tot und erwachte erst, nachdem ihm die Mutter ein Zuckerl in den Mund gesteckt hatte. Die Mutter umarmte die wiederbelebte Hilda und gab ihr noch ein paar Zuckerln, wobei auch für mich ein oder das andere abgefallen ist. Ich erinnere mich, daß ich oft bis nach Einbruch der Dunkelheit, was mir nicht erlaubt war, bei der Ritzinger Hilda geblieben bin, etwa vier- oder fünfhundert Meter unter unserem Mirtelbauernhäusl. Die schrille Zugpfeife, in die mein Großvater von der Haustür aus in das Tal herunterblies, bewirkte jedesmal den sofortigen Abbruch meiner Beziehung zur Ritzinger Hilda. Kein Zweifel, mein Paradies war gar kein Paradies mehr. Der Lehrer hatte es mir nach und nach zur Hölle gemacht. Ich war schon zu lang auf dem Hippinghof, der sich in zwei, drei Jahren gründlich geändert hatte. Anstatt drei gab es nurmehr noch einen Pferdeknecht, anstatt fünf nur noch zwei Stalldirnen. Die Kühe waren weniger und gaben weniger Milch, es wurde immer vom Krieg gesprochen, der aber nicht ausbrach. Die Frau des Friseurs starb, es gab keinen Mittagstisch mehr. Die sogenannten alten Hippinger starben und waren nur wenige Wochen nacheinander im Zuhaus aufgebahrt. Zweimal zog sich der Leichenzug von Hipping nach Seekirchen hinunter. Die Luft war nicht mehr so würzig, ich weiß nicht warum. Mein Großvater hatte mit mir keine Geduld, *Traunstein, entsetzlich!* rief er aus und zog sich nach dem Nachtmahl sofort zurück. Aber wir hatten hier absolut keine Verdienstmöglichkeit, wir hatten in Österreich keine Überlebenschance. Nicht auf Traunstein, auf einen ganz in der Nähe, in dem heimatlichen Henndorf lebenden berühmten Schriftsteller konzentrierte sich jetzt die ganze Hoffnung. Meine Großmutter habe ein Manuskript zu dem berühmten Mann getragen, der sei dabei, einen Verleger ausfindig zu machen, der es druckt. Man wartete. Die Spaziergänge waren keine Erleichterung mehr, sie waren eine Tortur. Die Selbstmorddrohungen meines Großvaters waren wieder da. Von der sogenannten Winterhilfe bekamen wir auf dem Gemeindeamt ein paar lange Erbswürste, Zucker, Brot. Es war deprimierend, sich den Sack abzuholen. Meine Großmutter hatte mich mitgenommen. Unser einziges Vergnügen, wenn es ein solches überhaupt sein konnte, war jetzt nurmehr noch das Eumig-Radio, aus welchem aber, wie ich fühlte, nur schauerliche Nachrichten herauskamen, die meinen Großvater mehr und mehr verdüsterten. Von Umbruch und Anschluß war die Rede, ich konnte mir darunter nichts vorstellen. Zum erstenmal hörte ich das Wort *Hitler* und das Wort *Nationalsozialismus.* Leider, man bleibt nicht jung, sagte mein Großvater. Er schwärmte, beinahe dreißig Jahre, nachdem er sie verlassen hatte, von der Schweiz. *Die Schweiz ist der Himmel, meine Kinder!* sagte er. *Nach Deutschland? Es dreht mir den Magen um, wenn ich nur daran denke. Aber wir haben keine andere Wahl.* In dieser Zeit sah ich im großen Saal des Gasthofes Zauner in Seekirchen zum erstenmal in meinem Leben ein richtiges Schauspiel. Der Saal war vollgestopft, sodaß ich kaum Luft bekommen habe. Ich stand auf einem Sessel an der rückwärtigen Wand, neben mir der Hippinger Hansi. Auf der Bühne war ein vollkommen nackter Mann an einen Baumstamm gefesselt und wurde ausgepeitscht. Als die Szene zuende war, klatschte der ganze Saal, und die Leute schrien vor Begeisterung. Ich weiß heute nicht mehr, um was für ein Theaterstück es sich handelte. Immerhin, meine allererste Szene auf einer Bühne war eine fürch-

terliche. Eines Tages war ein Telegramm angekommen, in welchem meinem Großvater mitge-
teilt wurde, daß sein Roman angenommen sei.
Von einem Wiener Verleger. Der berühmte Mann
hatte wahrgemacht, was er versprochen hatte,
das Buch erschien, und mein Großvater bekam
dafür einen Staatspreis. Der erste und einzige
Erfolg war da. Mein Großvater war sechsund-
fünfzig. Die Summe reichte aus, um bei dem
Schneidermeister Janka einen Winterüberzieher
zu bestellen und *ein menschenwürdiges Geschirr*
anzuschaffen, wie sich mein Großvater aus-
drückte. Ja, sagte mein Großvater, man darf
nicht nachgeben und schon gar nicht aufgeben.
Mein Vormund war schon in Traunstein, er
arbeitete bei dem Friseur Schreiner in der
Schaumburgerstraße. Die Abreise meiner Großeltern sollte erst dann erfolgen, wenn mein Vormund für sie eine Wohnung in Traunstein gefunden hatte, möglichst, wie mein Großvater immer
wieder forderte, *nicht in Traunstein selbst, in der
Nähe, also ganz auf dem Land, aber nicht zu weit
weg.* Es war nicht einfach. Ich selbst sollte noch
eine Zeitlang bei meinen Großeltern bleiben, ich
hatte eine Gnadenfrist, mein Paradies aufzulösen.
Ich ging meine Wege immer in dem Bewußtsein,
sie zum allerletztenmal zu gehen. Auch den sogenannten berühmten Schriftsteller in Henndorf

suchten wir auf, eine Versöhnung zwischen meinem Großvater und seiner Schwester Rosina hatte stattgefunden, er betrat sein Elternhaus wieder, wenngleich mit Vorbehalt. Er setzte sich sogar in den Gastgarten und zählte im Gastzimmer unten, einem großen Saal, sämtliche Geweihe an der Wand auf, alles Abschüsse von seinem Bruder, der, wie erwähnt, Selbstmord begangen hat auf dem Zifanken, dem höchstgelegenen Berg bei Henndorf. Was wäre aus mir geworden, wäre ich dageblieben, hätte ich mein Erbe nicht hingeworfen, sagte er. Gleich darauf: aber was ist aus mir geworden, wie wir es drehen, es ist in jedem Fall entsetzlich. Wir gingen durch das großväterliche Elternhaus, er zeigte mir alle Räume von oben bis unten, alle waren vollgestopft mit den schönsten josefinischen Möbeln, *das ist Empire,* sagte er und betrachtete lange und eingehend eine Kommode, *die Kommode meiner Mutter,* sagte er, ihre Lieblingskommode. Oder: in diesem Bett soll Napoleon geschlafen haben. Dazu: es gibt kaum ein Bett, in welchem Napoleon nicht geschlafen hat. Alles das könnte jetzt mir gehören, aber es ist ganz und gar richtig, daß ich nichts besitze, überhaupt nichts, nur mich und deine Großmutter und dich. Und deine Mutter, fügte er dazu. Nach Deutschland! Es war ein Alptraum. In diesen Monaten war er öfter bei dem berühmten Schriftsteller eingeladen, der ihm zu seinem ersten und einzigen Erfolg verholfen hatte und bei dem mindestens ebenso berühmte Leute wie er beinahe täglich aus und ein gingen. Der berühmte Schriftsteller hatte zwei Töchter, mit welchen ich spielen durfte, sie waren etwas älter als ich, sie hatten ein kleines Blockhaus für sich, das im Garten des Hauses des berühmten Schriftstellers, das einmal eine Mühle gewesen war, stand und ursprünglich einem berühmten Kammersänger aus Wien gehört hatte, der auf dem Höhepunkt seiner Karriere den Ochs von Lerchenau gesungen hat und kurz darauf starb. In diesem Blockhaus durfte ich mit den beiden Schriftstellertöchtern übernachten. Die Welt der Berühmtheit war für mich eine Sensation. Wenn die berühmten Leute ankamen, aus ihren Wagen stiegen und durch den Garten hereinkamen, schauten wir Kinder durch die Dachbodenluke des Blockhauses und bewunderten sie. Berühmte Schauspieler, Schriftsteller, Bildhauer, überhaupt jede Art von Künstlern und Wissenschaftlern gingen in der sogenannten Wiesmühle ein und aus. Der berühmte Schriftsteller war ein vollkommen anderer als mein Großvater, der auch Schriftsteller, aber überhaupt nicht berühmt war. Manchmal durfte ich sogar mit einer solchen Berühmtheit an einer Tafel sitzen. Ein

weißhaariger Herr mit einer blinden Frau war
der Mittelpunkt des interessantesten Abend-
essens, das ich jemals als Kind erlebt habe. Der
berühmteste Schriftsteller seiner Zeit war gerade
in das Vorhaus eingetreten und hatte gefragt: *Wo
kann man denn hier Toilette machen?* Das hatte
mich ungemein beeindruckt. An der Tafel waren
alle neben dem ungeheuer berühmten Gast zum
Schweigen verurteilt. Diese Schriftsteller sahen
alle vollkommen anders aus als mein Großvater,
und von ihnen hieß es immer, sie seien die berühmtesten, während es von meinem Großvater
immer nur geheißen hatte, er sei völlig unbekannt. Noch heute ist mein Großvater völlig unbekannt. In aller Frühe durfte ich mich in
meinen sogenannten Salonwagen setzen, dem aus
Wien mitgebrachten Zweirad mit der langen
Stange, an welcher er zu ziehen war, und ich
wurde von meinem Großvater oder von meiner
Großmutter, abwechselnd von beiden, nach
Henndorf zu dem berühmten Schriftsteller und
seinen beiden Töchtern gezogen. Dort erwartete
mich alles, was ein Kinderherz erträumt. Der
Höhepunkt ist für mich, neben allem anderen,
eine Schale Kakao in der Küche des berühmten
Schriftstellers gewesen. Wir kamen am Vormittag als arme Leute von Seekirchen nach Henndorf, atmeten den Duft der Großen Welt ein und

waren am Abend wieder in Seekirchen zurück. Wir waren arm, aber man sah es uns nicht an. Wir hatten alle eine herrschaftliche Haltung. Meine Großmutter sah, ihrem Taufschein entsprechend, aus wie eine friaulische Prinzessin und mein Großvater wie der Denker, der er war. Sie hatten nur wenige Kleidungsstücke, aber die waren erster Klasse. Auch wenn sie von der Gegenwart zum Narren gehalten wurden, ihre Vergangenheit war unverkennbar. Eine neuerliche Katastrophe war in dieser Zwischenzeit eingetreten: mein Onkel, meines Großvaters Sohn, Farald, wie er genannt wurde, obwohl er Rudolf hieß, hatte sich in eine Seekirchner Maurerstochter verliebt und sie kurzerhand geheiratet. Das gesunde Mädel stammte aus einem der verrufensten Häuser des ganzen Ortes, in welchem nur gelallt und gesoffen wurde. Der Kommunist hatte sich inzwischen zum *freien Künstler* entwickelt und lebte, da er auch einmal an der Graphischen Lehr- und Versuchsanstalt in Wien studiert hatte, vom Schildermalen für Gewerbetreibende. Er entwarf bunte Deckel für Schmelzkäse und malte den Leuten riesige ausgestreckte Zeigefinger neben die Geschäftstüren, die auf günstige Einkaufsgelegenheiten, Sonderangebote oder auch nur auf einen hinter dem Hause gelegenen Abort hinweisen sollten. Er zimmerte sich

selbst eine Hütte auf Pfählen in den See, wie es
die Germanen getan hatten, und begann, an seinen ihn dann lebenslänglich verfolgenden Erfindungen zu bosseln. Das Mädel aus dem Maurer-
haus war jene Tante Fanny, die ich am Anfang
dieses Berichts mit dem Steyr-Waffenrad meines
Vormunds besuchen wollte, deren Adresse ich
aber gar nicht wußte. Sie gebar ihm drei Kinder,
zwei Töchter und einen Sohn, die älteste Tochter
fiel an einem Ostermontag nach einem nur zwei
Wochen nach ihrer Hochzeit mit ihrem Mann
unternommenen Aufstieg auf den Schlenken in
die Tiefe und war sofort tot, die zweite hat auch
geheiratet und ist aus meinen Augen völlig verschwunden, und der Sohn ist mit siebzehn auf
fünf Jahre in der Strafanstalt Garsten gelandet,
weil er, zusammen mit zwei anderen gleichgesinnten Burschen, in einem Zustand der absoluten Un-
zurechnungsfähigkeit, wie ich denke, einen Geld-
boten der Mayr-Melnhofschen Marmorwerke in
einem Wäldchen in Aigen niedergeschlagen hatte.
Meinem Großvater waren diese kurz aufeinander
folgenden Katastrophen erspart geblieben, denn
sie ereigneten sich erst nach seinem Tode und
stehen also hier nicht zur Debatte. Während mein
Großvater und ich weite Spaziergänge machten,
schon ganz unter dem Eindruck des endgültigen
Abschieds von Seekirchen und der Wallersee-

gegend, während ich an der Seite des Philosophen schon einen gewissen Reifegrad erreicht hatte und tatsächlich für mein Alter überdurchschnittlich gebildet war, ohne darüber kopfüber in einen lebensbedrohenden Größenwahn zu verfallen, während mich mein Großvater immer noch intensiver in die Natur und ihre Eigenheiten und Kühnheiten und Verderblichkeiten und Ungeheuerlichkeiten einführte, fortwährend war er ja mein Lehrer gewesen, hatte sich im Marktflecken unten mein Onkel Farald, wie mein Großvater sagte, *auf die ordinärste Weise* ganz auf die Seite des Proletariats geschlagen. Das verbitterte meinen Großvater. Und es verfinsterte diese Abschiedswochen und -monate in Seekirchen. Der gerade noch leidenschaftliche Kommunist Farald, der Weltveränderer, Weltverbesserer, der in Wien Tag und Nacht mit dem politischen Teufel gespielt hatte, lag jetzt die meiste Zeit im Bett der Maurerstochter und genoß den ländlichen Frieden, der hier tatsächlich noch total gewesen war. Sah mein Großvater im Ort ein *Gemälde* meines Onkels, einen großen Brotwecken vor einem Bäckereigeschäft oder einen in die Länge gezogenen Damenschuh vor einem Schuhmacher, bekam er einen Wutanfall. *Das habe ich notwendig gehabt!* Er stieß den Stock in den Erdboden, in welchen er natürlich nicht auf der Stelle versinken konnte, was wohl sein Wunsch gewesen war bei solchen Gelegenheiten, und verließ augenblicklich den Schauplatz. Der Ruf meines Großvaters, des Denkers, des großen Mannes sozusagen, war, sobald sein Sohn Farald in Seekirchen auftauchte, sofort angeschlagen, vollends als die Hochzeit mit der Maurerstochter ruchbar geworden war, grüßten ihn die Leute nicht mehr mit der gleichen Devotion wie vorher, als sie von einem Sohn noch keine Ahnung hatten. Sie kannten bis dahin nur die schöne Frau aus Wien, seine Tochter, meine Mutter. Irgendwann einmal hatte sich die Kunst meines Großvaters mit der Kunst seines Sohnes verschmolzen, und die beiden inspirierten sich gegenseitig sozusagen zu einem Gesamtkunstwerk in Form eines Hausschildes für den Hippinghof, dem wir alle verpflichtet waren. Der Großvater dichtete einen gereimten Hausspruch, und der Sohn malte den Hausspruch auf ein Pergamentpapier. Das sorgfältig von dem Kunstmaler Freumbichler bemalte Papier kam hinter Glas und war bald in der großen Stube des Hippinghofes aufgehängt. Ich kenne den Wortlaut des Textes nicht mehr, er sollte Hipping für immer und also für alle Ewigkeit vor Feuer und Sturm und allen anderen katastrophalen Naturgewalten bewahren. Der Spruch hängt heute noch an der gleichen Stelle. Mit der

107

Ritzinger Hilda saß ich jetzt täglich vor dem Schrankenwärterhaus und wartete auf den Expreßzug aus Wien, Richtung Paris. Mit einem solchen Wunderwerk der Technologie und der allgemeinen Geschwindigkeitsgeschichte auf Rädern sollte ich in Kürze mein geliebtes Seekirchen verlassen. Von Deutschland hatte ich keinerlei Vorstellung, und daß mein Vormund in Österreich keine Arbeit gefunden hatte, nur in Deutschland, wenn auch nur sechsunddreißig Kilometer über der Grenze, wie es hieß, beeindruckte mich nicht. Ich dachte gar nicht darüber nach. Die Erwachsenen müßten schließlich wissen, was zu tun sei. Jeden Abend war der Orientexpreß der Höhepunkt. Die Reisenden saßen direkt an den hellerleuchteten Fenstern und aßen mit Silberbesteck ihre köstliche Mahlzeit. Ein paar Sekunden schaute ich in die Luxuswelt. Dann schüttelte mich die Kälte, und ich lief nachhause. Der Hippinger Hansi war in Sicherheit, er war für immer auf dem Hof seiner Eltern zuhause, ich mußte gehen. Eines Tages zu Mittag waren wir in Traunstein angekommen. Meine Mutter war im Mirtelbauernhäusl erschienen und hatte mich abgeholt. Die Zeit bei den Großeltern war zuende. Fortan sollte ich bei meiner Mutter, bei meinem Vormund sein. Er hatte für uns eine Wohnung gefunden, die nur ein paar

Häuser weiter in derselben Schaumburgerstraße gelegen war, in welcher er arbeitete, im zweiten Stock, Nummer vier, Ecke Schaumburgerstraße, Taubenmarkt. Es war ein altes Haus, und es gehörte einer alten Frau Poschinger, einer reichen, früh verwitweten Bürgersfrau, die ebenerdig ein umfangreiches Geschäft für Leichen- und Begräbnisausstattung unterhielt. *Poschinger, Trauerausstattung* stand über der Geschäftstür zu lesen. In diesem Hause sollten wir fortan leben. Wir hatten zwei Kisten in einem großen Zimmer, das wir von jetzt an als Wohnzimmer bezeichneten, stehen, darauf saßen meine Mutter und ich und verzehrten jeder ein Paar Wiener Würstchen mit Senf. Es war kalt und unfreundlich, und die Räume waren nicht ausgemalt. Es waren nur zwei Zimmer und eine Küche, das große Zimmer, das Wohnzimmer, hatte jeweils zwei Fenster auf die Schaumburgerstraße und auf den Taubenmarkt, das kleinere, das Schlafzimmer, ein Fenster auf die Schaumburgerstraße, dazu gab es noch einen sogenannten Holz- und Kohlenverschlag, der fensterlos war. Das Wasser war auf dem Gang, ebenso, auf dem anderen Ende, auf der Taubenmarktseite, die Toilette. Ich kann nicht behaupten, daß ich glücklich gewesen wäre. Meine Mutter machte einen verzweifelten Eindruck. Aus Wien hatte sie Möbel mitgebracht, für meine Begriffe waren sie bequem und elegant. Sie haben bis heute nichts von ihrer Bequemlichkeit und ihrer Eleganz verloren. Fortan war der sogenannte Kanadier mein Lieblingsaufenthalt. Ich schaute aus den Fenstern und gewahrte eine völlig andere Welt, die der Kleinstadt, die ich noch nicht kannte. Ich kannte die Großstadt, und ich kannte das vollkommene Land, aber ich hatte noch nie eine Kleinstadt gesehen. Alles wickelte sich nach einem jahrhundertealten Gesetz ab. Alles nach dem Hinaufziehen und dem Herunterlassen der Rolläden der Geschäfte und nach dem Läuten der Kirchenglocken. Vom Fleischer roch es in der Schaumburgerstraße nach Fleisch, vom Bäcker nach Brot und von dem schräg gegenüberliegenden Sattlermeister Winter nach Häuten. Die Wohnung wurde ausgemalt, natürlich von meinem Onkel Farald, der zu diesem Zweck von Seekirchen nach Traunstein gekommen war, ausgerüstet mit Kübeln und Pinseln erschien er und setzte sich eine selbstgemachte Zeitungspapierkappe auf den Kopf, wie wir sie von den Anstreichern kennen. Er pinselte in ein paar Tagen die ganze Wohnung aus, machte seine Scherze und verschwand wieder. Die Wohnung roch nach frischem Kalk, war bis in die Winkel weiß. Die Möbel stellten sich mehr oder weniger ganz von selbst an die richtige

Stelle. Ich hatte, während mein Onkel den Anstreicher spielte, die Stadt erkundet. Am meisten beeindruckte mich die Stadtpfarrkirche, die keine hundert Meter von unserer Wohnung entfernt war. Sie hatte riesige, um das ganze Kirchenschiff herum sich auftürmende Gewölbe, und als ich den ersten Sonntag in der Messe gewesen war, mit meiner Mutter, die sonst nie in die Kirche ging, und das Kirchenschiff unter einem gewaltigen Chor und einem vollbesetzten Fanfarenorchester zu platzen schien, wahrscheinlich war ein hoher Feiertag, und die Menge so dicht aneinandergedrängt, daß keiner umfallen hätte können, glaubte ich endlich zu wissen, was das für mich immer geheimnisvolle großväterliche Wort *gigantisch* bedeutete. Man merkte überall, daß ich zugereist war, und gab mir von Anfang an den Spitznamen *Der Österreicher,* genauer gesagt *Der Esterreicher,* es war durchaus abschätzig gemeint, denn Österreich war, von Deutschland aus gesehen, ein Nichts. Ich war also aus dem Nichts gekommen. Die Frau Poschinger hatte vier Töchter, die alle im Hause wohnten, über uns, im dritten, und unter uns, im ersten Stock, im dritten schliefen sie, zogen sie sich um, verbrachten sie die Sonntagnachmittage, im ersten kochten sie in einer kleinen Küche, in welcher ein großer Emailleherd stand,

111

und übten in einem Zimmer nebenan ihre Klavierkunst. Alle vier Schwestern spielten Klavier, das war selbstverständlich, über dem Klavier hingen zwei große gerahmte Fotografien der Frau und des Herrn Poschinger an der Wand. Hier habe ich zum erstenmal Klavierspiel gehört, und genau das Klavierspiel war es, das mir Mut gemacht hatte, das erstemal an die Poschingertür zu klopfen mit dem Wunsch, unmittelbar bei dem Instrument selbst mit eigenen Augen und Ohren an der Musik teilnehmen zu dürfen. Die Bitte wurde gewährt. Fortan saß ich sehr oft neben dem Klavier und hörte zu, wenn eine der Poschingerschwestern spielte. Nur drei Poschingerschwestern waren im Hause, die vierte hatte es bereits zur Studienrätin gebracht und unterrichtete in Burghausen, wie es hieß. Sie war der Stolz der Familie. Schon wenige Monate nach unserem Einzug war dieser Stolz der Familie gestorben. Ein Furunkel unter dem Arm hatte das Leben der Studienrätin Maria jäh beendet. Von da an gingen alle Poschinger jahrelang nur noch in schwarzen Kleidern herum, was im Grunde gar nicht so schlecht paßte, wenn man sich daran erinnerte, daß sie ebenerdig ja ein von meinem Großvater so genanntes *Totengeschäft* betrieben. Auf dem Klavier waren nurmehr noch traurige Stücke gespielt worden und hatten mich in die tiefste Melancholie gestürzt. *Das ist Brahms,* hörte ich, *das ist Beethoven, das ist Mozart.* Ich unterschied sie nicht. Ich kam in die dritte Volksschulklasse, in die Volksschule hatte ich eine Viertelstunde mitten durch die Stadt zu gehen, schräg gegenüber steht noch heute das Gefängnis, ein abschreckendes Gebäude, von einer drei Meter hohen Mauer umgeben und mit schwer vergitterten Fenstern, die im Grunde nur quadratische Löcher sind. So hatte der tägliche Schulbesuch sein Dämonisches. Hier hatte ich nicht nur einen, sondern verschiedene Lehrer, für jeden Gegenstand einen anderen. Als *E*sterreicher hatte ich es schwer, mich zu behaupten. Ich war dem Spott meiner Mitschüler vollkommen ausgeliefert. Die Bürgersöhne in ihren teuren Kleidern straften mich, ohne daß ich wußte, wofür, mit Verachtung. Die Lehrer halfen mir nicht, im Gegenteil, sie nahmen mich gleich zum Anlaß für ihre Wutausbrüche. Ich war so hilflos, wie ich niemals vorher gewesen war. Zitternd ging ich in die Schule hinein, weinend trat ich wieder heraus. Ich ging, wenn ich in die Schule ging, zum Schafott, und meine endgültige Enthauptung wurde nur immer hinausgezogen, was ein qualvoller Zustand war. Ich fand keinen einzigen unter den Mitschülern, mit welchem ich mich hätte anfreunden können, ich biederte mich an,

sie stießen mich ab. Ich war in einem entsetzlichen Zustand. Zuhause war ich unfähig, meine
Aufgaben zu machen, bis in mein Gehirn hinein
war alles in mir gelähmt. Daß mich meine Mutter einsperrte, nützte nichts. Ich saß da und
konnte nichts tun. So fing ich an, sie zu belügen,
ich hätte die Aufgabe fertig. Ich enteilte in die
Stadt und ging heulend und angsterfüllt durch die
Straßen und Gassen und suchte Zuflucht in den
Parks und auf den Bahndämmen. Wenn ich nur
sterben könnte! war mein ununterbrochener Gedanke. Wenn ich an Seekirchen zurückdachte,
schüttelte es mich vor Weinen. Ich heulte laut aus
mir heraus, wenn ich sicher war, daß mich niemand hörte. Ich ging auf den Dachboden und
schaute auf den Taubenmarkt hinunter, senk-
recht. Zum erstenmal hatte ich den Gedanken,
mich umzubringen. Immer wieder steckte ich
den Kopf durch die Dachbodenluke, aber ich zog
ihn immer wieder ein, ich war ein Feigling. Die
Vorstellung, ein Klumpen Fleisch auf der Straße
zu sein, vor welchem jeden ekelte, war absolut
gegen meine Absicht. Ich mußte weiterleben, obwohl es mir unmöglich erschien. Vielleicht ist
der Wäschestrick die Rettung? dachte ich. Ich
klügelte eine Konstruktion mit dem am Dachbal-
ken festgebundenen Strick aus, ich ließ mich geschickt in die Schlinge fallen. Der Strick riß ab,

und ich stürzte die Dachbodenstiege hinunter in den dritten Stock. Vor ein Auto oder den Kopf auf das Bahngeleise. Ich hatte überhaupt keinen Ausweg. Ich schwänzte zum erstenmal die Schule, meine Angst, ohne Hausaufgabe mich meinen Lehrern auszuliefern, war aufeinmal zu groß. Ich wollte nicht vor den Lehrer treten, der mich an den Ohren zieht, und wenn ihm das keinen Spaß mehr macht, mir an die zehnmal auf die ausgestreckte Hand schlägt mit dem Rohrstock. Ich machte schon an der Gefängnistür kehrt, im Davonlaufen hörte ich noch die Klingel aus der Schule heraus, der Unterricht hatte begonnen. Ich lief mit meiner Schultasche zuerst in die Au hinunter und ging dann in Richtung Schwimmbad. Von jedem, der mir begegnete, glaubte ich zu wissen, daß er wußte, daß ich die Schule schwänzte. Ich hatte einen eingezogenen Kopf. Es fröstelte mich. Ich hockte mich auf dem sogenannten Wochinger-Eck, einem beliebten Ausflugspunkt, ins Gras und heulte. Ich wünschte nur noch eines auf der Welt: daß mein Großvater kommt und mich rettet, bevor es zu spät ist. Ich hatte keine Zeit mehr. Ich war am Ende. Statt dem Ende kam die Erlösung. Mein Vormund und meine Mutter hatten das Ettendorfer Bauernhaus besichtigt und es gleich als ideal für meinen Großvater bezeichnet. Der Zins war nicht hoch, die Lage *einmalig*. Es war nicht weit in die Stadt, und es war doch ganz auf dem Land. Es war genau das bäuerliche Milieu, auf das mein Großvater größten Wert legte. In Gedanken richtete meine Mutter die Behausung für ihre Eltern ein. Das gibt eine herrliche Bibliothek, sagte sie. Tatsächlich, es war eine herrliche Bibliothek, die schon wenige Wochen nach der Zinsvorauszahlung durch meine Mutter und dem Einzug der Großeltern aus dem Südostzimmer des Ettendorfer Hauses geworden war. Mit einem Verlegervorschuß war ein Zimmermann mit der Ausarbeitung des Entwurfes meines Großvaters beauftragt worden. Ein Lastwagen mit Büchern und Manuskripten hielt vor dem Haus, die Regale füllten sich. Seit frühester Jugend, seit Basel, wie er immer sagte, hatte mein Großvater Bücher gesammelt, sie hatten kein Geld, aber immer mehr Bücher. Tausende. Im Arbeitszimmer im Mirtelbauernhäusl hatten sie gar nicht Platz gehabt, waren zum Großteil auf dem Dachboden untergebracht. Jetzt waren die Wände des neuen Ettendorfer Arbeitszimmers voll. *Ich wußte gar nicht, daß ich soviel Geist angesammelt habe,* sagte er, *und soviel Ungeist.* Hegel, Kant, Schopenhauer waren mir vertraute Namen, hinter welchen sich für mich etwas Ungeheuerliches verborgen hielt. *Und erst Shakespeare,* sagte mein Großvater. *Alles*

Gipfel, unerreichbar. Er saß da und rauchte die Pfeife, es war doch besser, mich nicht umzubringen und ihn abzuwarten, sagte ich mir. Wir waren daran, uns von Ettendorf aus ein neues Paradies zu eröffnen, ein ebensolches wie in Seekirchen, daß es ein bayerisches und kein österreichisches war, störte aufeinmal nicht. Die Erinnerung an Seekirchen, ja, was meinen Großvater betrifft, an Wien, war noch immer die Hauptsache. Aber langsam war der Übergang in die oberbayerische Idylle gelungen. Sie hatte ihre großen Vorzüge. Sie war zwar katholisch, erzkatholisch, nazistisch und erznazistisch, aber sie war, wie die Gegend um den Wallersee, voralpenländisch und also den Intentionen meines Großvaters durchaus zuträglich, sein Geist wurde nicht, wie befürchtet, erdrückt, sondern, wie sich später gezeigt hat, beflügelt. Er arbeitete mit größerem Schwung als in Seekirchen, und er sagte, tatsächlich sei er jetzt in die entscheidende Phase als Schriftsteller eingetreten, er habe eine gewisse philosophische Höhe erreicht. Ich wußte nicht, was das bedeutete. Es hieß immer nur, er sei an seinem großen Roman, und meine Großmutter unterstrich diese immer nur flüsternd vorgetragene Bemerkung mit den Wörtern *über tausend Seiten soll er lang werden.* Es war mir vollkommen rätselhaft, wie ein Mensch sich hinsetzen und tausend Seiten schreiben kann. Schon hundert zusammengebrachte waren mir vollkommen unverständlich. Andererseits höre ich noch, wie mein Großvater sagte *alles was man schreibt, ist ein Unsinn.* Also wie kann er auf die Idee kommen, Tausende Seiten Unsinn zu schreiben. Er hatte immer die unglaublichsten Ideen, aber er fühlte, daß er an diesen Ideen scheiterte. Wir scheitern alle, sagte er immer wieder. Das ist auch mein fortwährender Hauptgedanke. Naturgemäß hatte ich keine Ahnung, was Scheitern ist, was Scheitern bedeutet, bedeuten kann. Obwohl ich selbst bereits einen Prozeß des Scheiterns durchmachte, unaufhörlich, ich scheiterte sogar mit einer unglaublichen Konsequenz: in der Schule. Meine Bemühungen nützten nichts, meine immer neuen Anläufe, mich zu verbessern, erstickten im Keim. Meine Lehrer hatten keine Geduld und stießen mich da, wo ich aus ihm herausgezogen werden hätte sollen von ihnen, immer noch tiefer in den Sumpf. Sie traten mich, wo sie nur konnten. Auch ihnen gefiel die Bezeichnung Der *E*sterreicher, sie peinigten mich damit, verfolgten mich damit Tag und Nacht, ich hatte keine Ruhe mehr. Ich addierte falsch, ich dividierte falsch, ich wußte bald nicht mehr, wo oben und unten ist. Ich schrieb eine Schrift, die jedesmal, wenn die Schulaufgaben abgegeben

worden waren, als ein Musterbeispiel grenzen-
loser Zerstreuung und Fahrlässigkeit angepran-
gert wurde. Beinahe verging kein Tag, an dem ich
nicht vorzutreten und ein paar Schläge mit dem
Rohrstock in Empfang zu nehmen hatte. Ich
wußte wofür, aber ich wußte nicht, wie ich dazu
kam. Ich war bald abgedrängt zu den sogenannten Schlechtesten, in das Rudel der Dummköpfe,
die glaubten, ich sei einer der Ihren. Es gab für
mich kein Entkommen. Die sogenannten Ge-
scheiten mieden mich. Bald sah ich, daß ich
weder zu der einen Gruppe gehörte noch zur
anderen, daß ich in keine paßte. Dazu kam auch
noch, daß ich keine sogenannten angesehenen Eltern hatte, der Sprößling sozusagen von armen,
dahergelaufenen Leuten war. Wir hatten kein
Haus, wir waren nur *in der Wohnung*, das sagte
alles. Nur aus einer Wohnung zu sein und nicht
aus einem eigenen Haus, bewirkte in Traunstein
schon von vornherein das Todesurteil. Wir hatten drei Kinder aus dem Waisenhaus in der
Klasse, ihnen fühlte ich mich noch am nächsten.
Die drei wurden jeden Morgen aus dem Waisenhaus, das an der Straße lag, die in die Au führte,
von einer geistlichen Schwester in die Schule ge-
führt, mit den Händen aneinander, in rauhen,
grauen Hosen und Röcken, die den Hosen und
Röcken der Gefängnisinsassen ähnlich waren. Sie

hatten alle Augenblicke kahlgeschorene Köpfe und wurden von den übrigen Mitschülern im Grunde gar nicht zur Kenntnis genommen, sie waren lästig, aber man legte sich nicht mit ihnen an. In den Pausen bissen die Kinder der Wohlhabenden in riesige Äpfel und in dick aufgestrichene Butterbrote, meine Leidensgenossen aus dem Waisenhaus und ich mußten sich mit einem Stück trockenen Brotes begnügen. Wir waren vier wortlose Verschworene. Ich scheiterte tatsächlich konsequent, und nach und nach hatte ich meine Bemühungen aufgegeben. Mein Großvater wußte auch keinen Ausweg. Das Zusammensein mit ihm entschädigte mich, sobald ich konnte, rannte ich über den Taubenmarkt und die sogenannte Schnitzelbaumerstiege hinunter zum Gaswerk und an diesem vorbei nach Ettendorf. Das dauerte eine Viertelstunde. Keuchend fiel ich meinem Großvater in die Arme. Während der Schorschi, der in Surberg zur Schule ging, zu dieser Gemeinde gehörte Ettendorf, nicht zu Traunstein, noch arbeiten mußte, durfte ich an der Seite des Großvaters den sogenannten Abendspaziergang machen. Meine Mutter hatte nie eine Schule besucht, weder eine öffentliche noch eine private, sie war ja zur Primaballerina bestimmt gewesen und hatte in ihrer Kindheit nur einen einzigen Lehrer gehabt: meinen Großvater, der sie zuhause unterrichtete. Warum mußte ich in die Schule gehen? Nur weil sich die Gesetze geändert haben! Das verstand ich nicht. Ich verstand die Welt nicht, nichts verstand ich, ich begriff überhaupt nichts mehr. Ich hörte, was der Großvater sagte, aber es half mir nicht, mit meinen Lehrern fertig zu werden. Ich war nicht so dumm wie die anderen, aber ich war unfähig für die Schule. Meine Interesselosigkeit, den Schulstoff betreffend, trieb mich immer mehr zum Abgrund. Obwohl jetzt mein Großvater da war, Ettendorf der Heilige Berg geworden war, auf welchen ich jeden Tag pilgerte, zappelte ich jeden Tag erbarmungsloser in den Netzen der Schule, in den Fängen der Lehrer. Bald werde ich ersticken, dachte ich. Ich machte vor dem Schultor wieder kehrt, ich war auf die Idee mit der Bahnsteigkarte gekommen. Ich holte sie mir um ein Zehnpfennigstück aus dem Automaten, ging durch die Sperre und setzte mich in einen beliebigen Zug. Meine erste Reise führte mich nach Waging. Der Zug führte unmittelbar unterhalb des großelterlichen Hauses in Ettendorf vorbei. Ich weinte, als ich vorbeifuhr. Die Lokomotive stieß wie mit letzten Kräften ihren Dampf aus. Es ging durch Wälder, in Schluchten hinein, durch Sümpfe und Wiesen. Ich sah meinen Platz in der Klasse: er war leer. Der Zug rollte nach einer großen Windung eine Pappelallee entlang in Waging ein. Jetzt ist schon die dritte Unterrichtsstunde, dachte ich. Der Lehrer wuchs sich in seinem Zorn gegen mich zu einem Ungeheuer aus. Waging war ein stiller Ort der absoluten Bedürfnislosigkeit, der wegen seines Sees beliebt war, der nicht tief und daher immer recht warm war. Aber trostlos. Umgeben von Schilf, wenn man hineinstieg, watete man in einer braunen Brühe. Aber daß in den Ort, der mich nur noch trauriger machte, als ich schon war, eine eigene Bahn führte, die auch Waggons der zweiten Klasse hatte und nicht nur der dritten, beeindruckte mich. Irgendwie, sagte ich mir, muß der Ort eine Bedeutung haben, die man, oberflächlich betrachtet, nicht sehen kann. Die gleiche Methode, daß ich mir nämlich eine Bahnsteigkarte aus dem Automaten herausholte und damit ungehindert passieren konnte an der Sperre, wendete ich bei der Rückfahrt an. Ich wußte, der Schaffner bleibt die ganze Strecke auf der Plattform des letzten Wagens sitzen und kontrolliert nicht. Wäre er gekommen, hätte ich mich in eine Toilette verzogen, aber er kam nicht. Ungefähr um die Zeit, da Schulschluß gewesen war, erschien ich zuhause. Meine Mutter wußte nichts von meiner Reise. Ich warf die Schultasche auf die Küchenbank und setzte mich zum Mittagessen. Ich spielte mein Theater, aber ich spielte es nicht gut genug, und meine Mutter hat sofort Verdacht geschöpft. Schließlich gestand ich meine Ungeheuerlichkeit ein. Bevor meine Mutter noch zum Ochsenziemer griff, der schon seinen Platz auf dem Küchenkasten gefunden hatte, war ich aufgesprungen und hatte mich in der Ecke neben der Tür zusammengekrümmt. Sie schlug so lange auf mich ein, bis eine der Schwestern Poschinger von unten heraufgelaufen kam, um die Ursache meines jämmerlichen Geschreis zu erkunden. Es war Elli, die älteste. Meine Mutter hatte aufgehört, mich zu schlagen, in ihrer Hand bebte noch der Ochsenziemer, die Poschinger Elli fragte, was ich denn nun schon wieder getan hätte, tatsächlich, ich war ein furchtbares Kind, ein *Unfriedenstifter,* wie sie es nannte. Mehrere Male sagte die Poschinger Elli, sie hatte sich sozusagen als Assistentin meiner Mutter neben dieser aufgestellt, das Wort *Unfriedenstifter.* Dieses Wort traf mich ins Herz. Von diesem Zeitpunkt an, da sie das Wort *Unfriedenstifter* zum erstenmal ausgesprochen hatte, fürchtete ich die Poschinger Elli. Sie war stark, hünenhaft, aber durch und durch gutmütig, was ich nicht wissen konnte. Als erste der Poschingertöchter heiratete sie und verlor ihren Mann im Krieg schon wenige Wochen nach der Hochzeit. Der Zufall wollte es, daß ihn ausge-

123

rechnet mein Vormund, der wie der Mann der Poschinger Elli im montenegrinischen Karst eingerückt gewesen war, zum letztenmal gesehen hatte. Mein Vormund setzte sich oft zur Poschinger Elli, wenn diese ihrer Traurigkeit freien Lauf lassen mußte, und sagte: *aus einem Steinloch hat er herausgeschaut.* Worauf die Poschinger Elli jedesmal in Tränen ausbrach. Ich war der Talentierteste, gleichzeitig der Unfähigste, was die Schule betrifft. Meine Talente waren nicht, wie man glauben möchte, meinem Schulfortschritt förderlich, sie behinderten alles in höchstem Maße. Im Grunde war ich viel weiter als alle anderen, und der Unterrichtsstoff, den ich aus Seekirchen mitgebracht hatte, war ein viel umfangreicherer als der, in welchem meine Mitschüler steckten, mein Unglück war, daß ich meine geradezu krankhafte Abneigung gegen die Schule, die mir mein Großvater eingetrichtert hatte jahrelang, nicht imstande war aufzugeben und die Maxime meines Großvaters, daß die Schulen Fabriken der Dummheit und des Ungeistes seien, noch immer über allem, das ich über die Schule dachte, leuchtete und die einzige bestimmende für mich war. Meine Mutter sprach mit den Lehrern, und diese sagten, mich betreffend, absolut nichts anderes als eine Katastrophe voraus. Meine Mutter schob alles auf die Übersiedlung, mein Großvater nahm

mich, nicht die Schule in Schutz. Ich stieg jeden
Tag in die Hölle der Schule hinunter, um in die
Vorhölle der Schaumburgerstraße heimzukehren
und am Nachmittag auf den Heiligen Berg zu
meinem Großvater. Höchstes Glück bedeutete
für mich, auf dem Heiligen Berg zu übernachten.
Ich hatte mein Schulzeug schon mit und lief am
Morgen direkt vom Heiligen Berg in die Hölle.
Die Teufel peinigten mich mit immer größerer
Unverschämtheit. In dieser Zeit gehörte Österreich plötzlich zu Deutschland, und das Wort
Österreich durfte nicht mehr ausgesprochen werden. Man sagte ja hier schon lange nicht mehr
Grüßgott, sondern *Heil Hitler,* und am Sonntag
sah man in Traunstein nicht nur die betenden
schwarzen, sondern auch die schreienden braunen Massen, die es in Österreich nicht gegeben
hatte. Auf einem sogenannten Kreistag, der neun-
zehnhundertneununddreißig in Traunstein abgehalten worden ist, marschierten Zehntausende
sogenannte Braunhemden auf dem Stadtplatz auf,
mit Hunderten von Fahnen nationalsozialisti-
scher Gruppen, sie sangen das Horstwessellied
und *Es zittern die morschen Knochen.* Auf dem
Höhepunkt der Veranstaltung, zu welcher ich,
sensationsgierig, wie ich war, schon in aller
Frühe gelaufen war, um nur ja nichts zu ver-
säumen, sollte der Gauleiter Giesler aus Mün-

chen eine Rede halten. Ich sehe noch, wie der Gauleiter Giesler das Podium besteigt und zu schreien beginnt. Ich verstand kein Wort, denn die Lautsprecher, die um den ganzen Platz aufgestellt waren, um Gieslers Rede zu übertragen, übertrugen nur ein gewaltiges Gekrächze. Plötzlich fiel der Gauleiter Giesler in sich zusammen und verschwand wie eine ockerfarbene Puppe hinter dem Rednerpult. In der Menge verbreitete sich sofort, daß den Gauleiter Giesler der Herzschlag getroffen habe. Die Zehntausende zogen ab. Auf dem Stadtplatz herrschte Ruhe. Aus dem Radio hörten wir am Abend die offizielle Bestätigung des Todes vom Gauleiter Giesler. Auf diesem Kreistag war ich noch nicht Mitglied des sogenannten Jungvolks, einer Vorstufe der sogenannten Hitlerjugend. Kurz darauf war ich es. Ungefragt mußte ich eines Tages im Hof der Realschule, die gleich neben dem Gefängnis liegt, mit einer Reihe von Gleichaltrigen vor einem sogenannten Fähnleinführer antreten. Das Jungvolk war in schwarze Schnürlsamthosen und in braune Hemden gesteckt, um den Kragen hatte jeder ein schwarzes Tuch, das auf der Brust durch einen geflochtenen Lederring gezogen werden mußte. Dazu weiße Kniestrümpfe. Weil sie dachte, daß Schnürlsamt Schnürlsamt sei, ließ mir meine Großmutter bei der Firma Teufel auf

126

dem Stadtplatz, dem bekanntesten Kleiderhaus, das einen Schneider beschäftigte, eine Samthose machen, weil ihr der braune besser gefiel, nicht aus einem schwarzen, sondern aus einem braunen Schnürlsamt. Als ich als einziges angetretenes neues Jungvolkmitglied in einer braunen, anstatt wie alle andern in einer schwarzen Schnürlsamthose angetreten war, gab mir der Fähnleinführer eine Ohrfeige und verjagte mich aus dem Realschulhof mit dem Befehl, das nächstemal mit einer vorgeschriebenen schwarzen Schnürlsamthose zu erscheinen. Nun wurde mir in aller Eile eine schwarze Schnürlsamthose gemacht. Das Jungvolk war mir noch entsetzlicher als die Schule. Ich hatte es bald satt, immer die gleichen stupiden Lieder zu singen, immer dieselben Gassen mit Marschschritt und lautem Geschrei zu durchqueren. Die sogenannte Wehrertüchtigung haßte ich, ich war für das Kriegsspiel ungeeignet. Die Meinigen beschworen mich, diese Jungvolktortur auf mich zu nehmen, sie sagten nicht, warum, ich tat ihnen den Gefallen. Ich war es gewohnt, selbständig, die meiste Zeit allein zu sein, ich haßte die Herde, ich verabscheute die Masse, das hundert- und tausendfache Brüllen aus einem Maul. Das einzige, das mir am Jungvolk imponierte, war eine braune, absolut regensichere Pelerine. Daß sie auch die Parteifarbe hatte, störte mich nicht. Der Großvater fand das Jungvolk grauenhaft, *aber du mußt hingehen, es ist mein innigster Wunsch,* sagte er, *wenn es dich auch die größte Überwindung kostet.* Das ganze Jungvolk hatte ich bald satt. Meine Chance war meine Laufkunst. Ich war, ob es sich um den Fünfzigmeterlauf, den Hundertmeterlauf oder den Fünfhundertmeterlauf handelte, immer der Erste. Hier, bei den Wettkämpfen, die zweimal im Jahr abgehalten wurden, fand ich die uneingeschränkte Bewunderung. Ich wurde auf ein Podest gestellt und geehrt, der Fähnleinführer heftete mir die Siegernadel an die Brust. Ich trug sie stolz nachhause. Sie bewahrte mich vor der Vogelfreiheit. Ich habe mehrere solcher Siegernadeln bekommen. Auch bei einer Schwimmeisterschaft war ich einmal der Beste, und auch das hatte mir eine Siegernadel eingetragen. Mein Abscheu gegen das Jungvolk und seine Tyrannei war aber durch die an meine Brust gehefteten Siegernadeln nicht im geringsten eingeschränkt. Ich durfte mir, als Laufwunder sozusagen, aufeinmal mehr erlauben als die andern. Ich nützte das weidlich aus. Ich war nur immer aus Angst so schnell gelaufen, aus Todesangst. Die Tortur hatte sich mit dem Gewinn der ersten Siegernadel abgeschwächt. Aber das ganze Spiel ödete mich an. Von Politik verstand ich noch nichts, mir ging nur alles, was mit dem Jungvolk zusammenhing, gegen den Strich. Das Laufwunder hatte nur innerhalb des Jungvolks seine Wirkung getan und alle daraus resultierenden Vorteile ausgenützt, in der Schule hatten sie davon keine Kenntnis genommen. Nach wie vor war meine Lage eine entsetzliche. Hier grüßte ich ungeschickt mit Heil Hitler und bekam eine Ohrfeige. Hier nickte ich aus Erschöpfung während der Deutschstunde ein und bekam zehn saftige Rohrstockschläge. Ich mußte Dutzende von Seiten füllen mit dem immer gleichen Satz: *Ich muß aufmerksam sein,* zur Strafe. Meine Peiniger hatten eine ungeheure Erfindungsgabe. Aber meine Peiniger waren nicht nur meine Lehrer, auch meine Mitschüler peinigten mich. Vielleicht bin ich hochmütig? dachte ich. Oder gerade das Gegenteil von hochmütig? Wie ich es auch drehte, es gab keine Lösung. Der Erziehungshorizont verfinsterte sich. In dieser Zeit kam eine Frau Doktor Popp, die mit einem Stadtarzt verheiratet gewesen war und in der Nähe des Krankenhauses wohnte, etwa zweimal im Monat zu uns in die Schaumburgerstraße und brachte in einer größeren Ledertasche gebrauchte Wäsche, Socken etcetera und einen sogenannten Gesundheitskuchen mit. Sie trug ein enggeschnittenes Kostüm und hatte die glatten Haare auf dem Hinterkopf zu einem großen Knoten gebunden. In der Marienstraße hatte sie ihr Amtszimmer. Im ersten Stock saß sie hinter einem Schreibtisch und musterte mich von oben bis unten, wenn ich eintrat, um eine *milde Gabe* abzuholen, denn wir waren in Traunstein als arm registriert und wurden von der Fürsorge unterstützt. Ich fürchtete diese Frau, und ich konnte zuerst immer kein Wort herausbringen, wenn ich ihr gegenüberstand. Daß ich mich nach Entgegennahme der milden Gabe bedanken mußte, war mir zutiefst zuwider. Ich bebte vor Wut, wenn ich zur Frau Doktor Popp gehen mußte, und bebte noch mehr in der Demütigung, die es für mich bedeutete, die milde Gabe aus der Hand der Frau Doktor Popp in Empfang zu nehmen. Vor der Wäsche grauste es mich, der Gesundheitskuchen blieb mir im Hals stecken. Meine Mutter hatte nichts gegen die Doktor Popp. Du mußt freundlich sein zu der Dame, sagte sie. Mein Großvater, der auf dem Heiligen Berg thronte, kümmerte sich um solche Nebensächlichkeiten nicht, aber ich drohte genau in diesen Hunderten von Nebensächlichkeiten zu erstikken. Sie häuften sich, und ich bekam schon keine Luft mehr. Aber die Doktor Popp fürchtete ich wie nichts, ich ahnte etwas, wenngleich ich unfähig war, herauszubekommen, was. Ich hatte mich nicht getäuscht. Eines Tages erschien die

Doktor Popp bei uns in der Schaumburgerstraße, Eingang Taubenmarkt, und sagte zu meiner Mutter, sie würde mich auf Erholung schicken. *In ein Heim tief im Wald. Der Junge braucht eine andere Luft.* Zu meiner größten Enttäuschung war meine Mutter von der Mitteilung der Doktor Popp begeistert. Sie bedankte sich schon im voraus und schüttelte der Doktor Popp, deren böse Blicke mich bei dieser Gelegenheit rücksichtslos durchbohrten, die Hände. Ich hätte, kaum war die Doktor Popp wieder draußen, ein *Nein* herausschreien wollen, aber ich hatte nicht die Kraft dazu. Meine Mutter empfand es wohl schon gleich als Erleichterung, daß ich für eine Zeit von der Szene verschwinden sollte. Sie selbst hatte nicht mehr die Kraft, mit mir fertig zu werden. Ich war nicht mehr zu bändigen, es gab jeden Tag Streitereien, manchmal gipfelten sie in einem zerschlagenen Küchenfenster, durch das meine Mutter, wütend über mich, Tassen und Töpfe geworfen hatte, wenn sie einsah, daß der Ochsenziemer nicht mehr ausreichte. Ich sah selbst ihre Verzweiflung, und sie ist absolut frei von Schuld. Sie war meiner schon lange nicht Herr geworden. Sie war völlig erschöpft an dem Kind, das sie nicht mehr bändigen konnte. Allein die Aussicht, daß ich für einige Zeit aus ihrer Nähe verschwinden sollte, machte sie frei, wenn auch nicht glücklich. Mich deprimierte diese Tatsache, ich verstand nicht, daß die Mutter ihr Kind mehr oder weniger zum Teufel wünschte, wie ich dachte. Noch größer war die Enttäuschung darüber, daß mein Großvater gegen einen solchen Erholungsurlaub *tief im Wald* nichts einzuwenden hatte. Er fand die Doktor Popp, die er nur einmal flüchtig gesehen hatte, grauenhaft, aber *diese Frau will nur Dein Bestes,* sagte er. Jetzt war ich völlig alleingelassen. Wieder verfiel ich in die trübsten Gedanken, und ich dachte an Selbstmord. Daß ich mich nicht aus dem Dachbodenfenster stürzte oder aufhängte oder mit den Schlafpulvern meiner Mutter vergiftete, lag nur daran, daß ich meinem Großvater den Schmerz, den Enkel auf fahrlässige Weise verloren zu haben, nicht antun wollte. Nur aus Liebe zum Großvater habe ich mich in meiner Kindheit nicht umgebracht, es wäre mir sonst ein leichtes gewesen, die Welt war mir alles in allem viele Jahre eine unmenschliche Last, die mich ununterbrochen zu erdrücken drohte. Im letzten Moment schreckte ich doch zurück und ergab mich in mein Schicksal. Der Zeitpunkt der Abreise auf meinen Erholungsaufenthalt rückte näher, meine Wäsche wurde gewaschen, meine Kleider wurden geputzt, meine Schuhe zum Schuster gebracht, damit er sie wieder zusammenflicke. Saalfelden sollte das Ziel sein, ein Ort im salzburgischen Hochgebirge, *nicht weit*. Am Vorabend der Abreise erschien die Doktor Popp mit einem größeren Pappendeckel, an den eine Schnur gebunden war, die ich bei der Abreise um den Hals binden sollte, damit der Pappendeckel an meiner Brust deutlich sichtbar sei. Auf dem Pappendeckel standen mein Name und mein Zielort. Du fährst nur zwei Stunden durch eine genußreiche Landschaft, sagte mein Großvater. Du wirst sehen, es bereitet dir ein Vergnügen. Es kam anders. Der Zug fuhr nicht Richtung Salzburg und nach Saalfelden, sondern Richtung München und nach Saalfeld in Thüringen. Die Meinigen hatten die Aufschrift auf dem Pappendeckel nur oberflächlich gelesen, die Abfahrt war schon in der Dunkelheit, ich war betrogen. Traunstein verschwand, durch die Moore und Sümpfe am Chiemseeufer ging es sehr rasch nach Westen. Noch nie war ich in einem so fein ausgestatteten Zug gesessen, die Sitze waren gepolstert, beinahe lautlos vergrößerte er von Sekunde zu Sekunde die Geschwindigkeit, zuerst hatte ich mich beherrschen können, aber dann forderte der Schock, den es bedeutete, nach Saalfeld und nicht nach Saalfelden zu fahren, seine Tränen. Der Onkel Farald besucht dich in zwei Wochen, hörte ich noch, alles war ein Irrtum gewesen, vielleicht sogar eine gemeine Falle. Thüringen, es war mir kein Begriff, daß es weit im Norden lag, wußte ich. Ich war ins Unglück gestürzt. Wußten sie, daß es sich um Saalfeld und nicht um Saalfelden handelte, so hatten sie mich hineingelegt und an mir ein Verbrechen begangen, wußten sie es nicht, so war es eine unverzeihliche Nachlässigkeit, der sie sich an mir schuldig gemacht hatten. Jetzt traute ich den Meinigen aufeinmal alles zu. Ich verwünschte sie, ich selbst wäre im Augenblick am liebsten gestorben. Flennend entfernte ich mich in der immer tiefer werdenden Nacht vom Zuhause, das jetzt sein wahres und entsetzliches Gesicht zeigte. Auch meinen Großvater schloß ich in alle meine Verdächtigungen und die darauf folgenden Verwünschungen ein. Meine Leidensgenossen, die mit mir das Abteil füllten und noch mehrere andere Abteile des roten Triebwagenzuges, waren von allen meinen Verzweiflungen unberührt, jedenfalls hatte es den Anschein, sie seien von dem gerade begonnenen Unternehmen begeistert. Für die meisten war es die erste Eisenbahnreise überhaupt, mir war die Zugreise schon etwas seit Jahren Vertrautes, ich hatte in der Zwischenzeit, anstatt in die Schule zu gehen, schon dutzendemal einen Zug bestiegen und war damit davongefahren, mit oder ohne Bahnsteigkarte, es war mir immer gelungen, ich war niemals entdeckt worden, auf diese Weise lernte ich alle von Traunstein wegführenden Strecken kennen, und auch die nach München war mir nicht unbekannt. Die Meinigen durften nicht den geringsten Milderungsgrund beanspruchen, bewußt oder unbewußt, sie hatten sich an mir schuldig gemacht, die Leichtfertigkeit, Saalfelden mit Saalfeld zu verwechseln, wenn es gilt, den angeblich so geliebten Sohn und Enkel auf die Reise und ja tatsächlich in eine entsetzliche Ungewißheit zu schicken, ohne sich zu vergewissern, wohin wirklich diese Reise geht, erschütterte mich zutiefst. Eine sogenannte NSV-Schwester, die unsere Gruppe beaufsichtigte, steckte den Kopf in unser Abteil, zählte uns ab. Dann sah sie, daß ich heulte. *Ein Junge heult nicht,* sagte sie, keiner heule, nur ich, alle gingen sie fröhlich und ausgelassen auf die Reise, die ja eine glückliche sei, nur ich nicht. Es war der erste Vorwurf. Dann sah sie, daß ich, zum Unterschied von den andern Kindern, keinerlei Reiseproviant mithatte. *Ach, du armer Junge!* rief sie aus, *was mußt du für Eltern haben, die dir nichts mitgegeben haben auf die lange Reise. Was für Eltern,* wiederholte sie. Sie schnitt mir direkt ins Herz. Ich war nicht imstande, ihr zu sagen, daß die Meinigen geglaubt hatten, die Reise ginge nur nach Saalfelden in den Salzburger Bergen, nur zwei Stunden weit, nicht nach Saalfeld in Thüringen. Es wurde für den armen Jungen, der ich auf einmal war, gesammelt. Schließlich hatte ich mehr Äpfel und Butterbrote als alle andern. Alle Kinder waren aus dem südöstlichen Oberbayern, hatten bleiche Gesichter, es waren richtige Proletarierkinder mit ihrem derben Dialekt. Sie waren ärmlich und geschmacklos gekleidet. Kaum hatte sich der Zug in Bewegung gesetzt, hatten sie zu essen angefangen. *Armer Junge*, hatte die sogenannte NSV-Schwester zu mir gesagt und meine Hände fest in die ihrigen genommen eine Zeitlang. Nicht weil ich mich in ihren Händen geborgen gefühlt hätte, vor Abscheu und Ekel war ich aufeinmal ruhig, hatte zu heulen aufgehört. Wie alle andern, fing ich zu essen an. In München sollten wir Station machen, hieß es, wir würden in Privatquartieren untergebracht über Nacht, am nächsten Morgen gehe die Reise dann von München über Bamberg und Lichtenfels nach Saalfeld weiter. Schließlich war meine Neugierde größer als meine Verzweiflung, und ich schaute nurmehr noch gierig durch das Fenster. In München zerschnitten, wie ich von meinem Fensterplatz aus sah, endlose Scheinwerfer, die zur sogenannten Luftabwehr eingesetzt waren, den Nachthimmel. Ein solches Bild hatte ich noch nie gesehen. Fasziniert drängten sich alle ans Fenster und beobachteten aufgeregt jeden den Nachthimmel absuchenden Lichtstrahl. Zu diesem Zeitpunkt waren auf München noch keine Bomben gefallen. Dieser Blick auf die Lichtsäulen war meine erste Konfrontation mit dem Krieg. Daß mein Vormund schon viel früher einrücken hatte müssen, zuerst nach Polen, hatte mich nicht sonderlich berührt, aber dieses Scheinwerferschauspiel war etwas Ungeheuerliches. In München waren fünf von uns in einer Wohnung untergebracht worden, in welcher eine alte Frau mit einem Nachtmahl auf uns wartete. Nach dem Nachtmahl gingen wir hinter einer Glastür, auf welche schöne alte Tapeten mit orientalischen Mustern geklebt waren, schlafen. Es war eine schlaflose Nacht, wie sich denken läßt. Zum Glück. Denn zum erstenmal nach langer Zeit hatte ich dadurch, daß ich nicht einschlafen konnte oder wollte, einmal nicht ins Bett gemacht. Denn ich war längst zum sogenannten Bettnässer geworden, zum *Unruhestifter* war ich mit der Zeit auch noch der *Bettnässer*. Keine Nacht zuhause, ohne daß ich auf einem nassen Leintuch aufwachte, zutiefst erschrocken, wie sich denken läßt. Bettnässen hat seine Ursachen, aber davon hatte ich keine Ahnung. Wenn ich aufwachte, war ich schon in das größte Unglück gestürzt. Ich zitterte vor Angst. Kaum war ich aufgestanden, ich hatte immer wieder noch mit der Decke meine Schande verbergen wollen, hatte meine Mutter die Decke wütend weggerissen und mir das Leintuch übers Gesicht geschlagen. Monatelang, jahrelang schließlich. Ich hatte einen neuen, beinahe tödlichen Titel zu tragen: Bettnässer! Wenn ich von der Schule nachhause kam, schon auf halber Höhe der Schaumburgerstraße, sah ich mein Leintuch mit dem großen gelben Fleck aus dem Fenster hängen. Meine Mutter hängte mein nasses Leintuch abwechselnd in der Schaumburgerstraße und dann wieder auf dem Taubenmarkt aus dem Fenster, *zur Abschreckung, damit alle sehen, was du bist!* sagte sie. Gegen diese Demütigung kam ich nicht auf. Mein Bettnässen verschlimmerte sich mit der Zeit. Immer wenn ich aufwachte, war es zu spät gewesen. Ich erinnere mich, daß ich jahrelang nicht nur ins Bett gemacht habe, auch tagsüber hatte ich alle Augenblicke eine nasse Hose. Im Winter, wenn ich mich mit meiner nassen Schande nicht nachhause getraute, ging ich stundenlang fröstelnd und frierend in der Stadt umher in der Hoffnung, meine Wäsche könnte ich auf diese Weise trocknen, aber das war ein Trugschluß. Zwischen den Oberschenkeln war ich schließlich ständig vom Urin verätzt und aufgewetzt. Jeder Schritt eine Qual. Bei jeder Gelegenheit passierte es mir, in der Kirche, beim Schilaufen, immer und überall. Wenn ich beichten ging, meine Mutter schickte mich, passierte es mir, während ich kniete und meine Sünden herunterstammelte. Ging ich aus dem Beichtstuhl hinaus, sah ich auf dem Boden die Bescherung und schämte mich. Bevor ich durch das Schultor trat, wenn ich mit einer sogenannten höhergestellten Person zu sprechen hatte. Und immer in der Nacht. Ich höre noch, wie meine Mutter der Doktor Popp sagt, *er ist Bettnässer, es ist zum Verzweifeln.* Ich denke, diese Mitteilung hat meine Verschickung nach Saalfeld ausgelöst. Der ganze Taubenmarkt und die ganze Schaumburgerstraße wußten, daß ich Bettnässer war. Meine Mutter hatte ja jeden Tag diese meine Schreckensfahne gehißt. Mit eingezogenem Kopf kam ich von der Schule nachhause, da flatterte im Wind, was allen anzeigte, was ich war. So schämte ich mich vor allen; auch wenn das nicht stimmte, ich glaubte, alle Welt weiß, daß ich ins Bett mache. Und naturgemäß passierte mir mein Unglück auch während des Unterrichts in der Schule, wenn es nicht schon vor dem Schultor passiert war. Hier in der Münchner Nacht hatte ich, zum erstenmal nach langer Zeit, nicht ins Bett gemacht. Das Leintuch war trocken geblieben. Aber es sollte für lange Zeit das einzige und letztemal gewesen sein. Was ich in diesen Bettnässerjahren als völlig unnatürlich und abschreckend außergewöhnlich empfunden hatte, war in Wirklichkeit das Natürlichste meiner Lebensumstände, weiß ich heute. Als meine Mutter einmal unserem sogenannten Hausarzt, dem Doktor Westermayer, ihre völlige Ratlosigkeit gegenüber meinem Bettnässen eingestand, hatte dieser nur die Achseln gezuckt. War ich krank, hat sich der dicke Doktor Westermayer immer über mich gebeugt, ohne seine glühende Zigarre aus dem Mund zu nehmen, und sein riesiger, schwitzender Kopf horchte an meinem Brustkorb. Die Ärzte wissen keinen Rat, sie konstatieren nur die Defekte. Einmal hatte ich das Glück, von meinem Drang rechtzeitig aufzuwachen, und ich war aus dem Bett gestiegen und hatte gerade noch den Abort erreicht. In der Frühe stellte sich heraus, daß ich, weil sie beinahe beide gleich ausgestattet gewesen waren, die Wäschekastentür mit der Aborttür verwechselt hatte. Mein Entsetzen war ein doppeltes, die Bestrafung eine furchtbare. Die Münchner Nacht war angefüllt gewesen mit allen Verzweiflungsgedanken, die sich für ein Kind denken lassen. In aller Frühe drängte sich die Kindergruppe mit den umgehängten Pappendeckelschildern in das Abteil eines nach Berlin abfahrenden Schnellzugs. Die Strecke München–

Bamberg–Lichtenfels undsofort war noch nicht elektrifiziert, einer der riesigen Borsig-Kolosse zog den Zug aus dem Hauptbahnhof, meistens war während der ganzen Fahrt die Landschaft von einer schwarzen, stinkenden Rauchwolke verdeckt. Machte der Zug Station, waren unsere Köpfe an den Fenstern. Wir wußten bereits alle unsere Namen, von jedem, woher er kommt, was seine Eltern sind, was seine Familie treibt. Warum heißt du denn Bernhard, wenn dein Vater Fabjan heißt? war ich auch hier gefragt worden. Tausende Male hatte ich diese Frage schon ertragen müssen. Ich erklärte, daß mein Vater gar nicht mein Vater sei, sondern mein Vormund und daß er mich nicht überschrieben habe. Hätte er mich überschrieben, so der Fachausdruck, hieße ich wie er Fabjan und nicht Bernhard. Mein wirklicher Vater lebe zwar noch, aber ich wisse nicht wo und im Grunde überhaupt nichts über ihn. Ich hätte ihn niemals gesehen. Mit allem, was ich über mich sagte, hatten meine Zuhörer nichts anfangen können, es war aber außerordentlicher gewesen als das Ihrige. Ich hätte aber einen Großvater, der Schriftsteller sei und den ich über alles liebte. Sie hatten keine Ahnung, was das ist, ein Schriftsteller. Sie hatten Dachdecker und Maurer als Großväter. Ich erklärte ihnen, daß ein Schriftsteller schreibe, Manuskripte. Aber auch das Wort Manuskript hatten sie noch niemals gehört. Es war sinnlos, ihnen weitere Erklärungen abzugeben. In Saalfeld bildeten wir auf dem Bahnsteig eine größere Gruppe, möglicherweise waren wir an die fünfzig oder noch mehr, und folgten in Dreierreihen unserer NSV-Schwester. Ich hatte das Gefühl, die Schwester habe ihr größtes Augenmerk auf mich gerichtet. Ich dachte, sie weiß, was und wer ich bin, ein grauenhaftes Subjekt, Bettnässer, Unfriedenstifter undsofort. Ich getraute mich nicht, direkt in ihre Augen zu schauen. Ob die Meinigen wissen, daß ich jetzt in Saalfeld und nicht in Saalfelden bin? Eine Ansichtskarte von Saalfeld, die ich gleich am nächsten Tag nach meiner Ankunft, um die Angehörigen zu beruhigen, nachhause geschickt hatte, wie alle andern auf Befehl der NSV-Schwester, hatte sie erst eine Woche nach meiner Abreise aufgeklärt, wie ich heute weiß. Sie waren erschrocken. Sie hatten einen Fehler begangen, den ich ihnen lebenslänglich nicht vergessen habe. Das Kindererholungsheim lag mitten im Wald, die Doktor Popp hatte die Wahrheit gesagt, in einer großen Lichtung, zum Teil war es ein Fachwerkbau mit vielen Giebeln und Türmchen, vielleicht einmal ein Jagdschloß gewesen. Das sogenannte Kindererholungsheim war aber in Wirklichkeit kein Kindererholungsheim, sondern ein *Heim für schwer erziehbare Kinder,* wie ich heute, nach einem Besuch über vierzig Jahre später, weiß. Es hatte den Anschein, als wäre ich in eine Idylle gekommen. Es gab viele kleine Zimmer mit Stockbetten, mir war ein oberes zugewiesen worden. Der Tag begann mit dem Aufziehen der Hakenkreuzfahne, die bis Einbruch der Dunkelheit im Hof gehißt blieb. Wir hatten um den Fahnenmast anzutreten, die Hand zum Hitlergruß zu heben und im Chor Heil Hitler zu schreien, war die Fahne auf dem Mast. Bei Einbruch der Dunkelheit wurde die Fahne wieder eingezogen, wieder hatten wir anzutreten auf die gleiche Weise, war die Fahne heruntergelassen, wieder dasselbe Heben der Hand und der Hitlergruß. Nach dem Aufziehen der Fahne hatten wir uns in einer Dreierreihe aufzustellen und marschierten ab. Wir hatten die Lieder zu singen, die wir schon in den ersten Tagen gelernt hatten, ich kann nicht mehr sagen, was für Lieder, aber das am meisten von uns gesungene hatte das Wort *Steigerwald* zum Mittelpunkt. Die Landschaft war schön, wenn auch nicht aufregend. Das Essen war gut. Wir hatten zwei Erzieher, die uns vom ersten Augenblick an, in welchem wir von den NSV-Schwestern übergeben worden waren, erzogen. Es begann mit einem Vortrag über Pünktlichkeit, Sauberkeit und Gehorsam. Wie exakt die Hand zu heben ist beim Hitlergruß undsofort. Mein Pech war, daß ich schon in der ersten Nacht als Bettnässer entlarvt war. Die Methode in Saalfeld war die: mein Leintuch mit dem großen gelben Fleck wurde im Frühstückszimmer aufgespannt, und es wurde gesagt, daß das Leintuch von mir sei. Der Bettnässer wurde aber nicht nur auf diese Weise bestraft, er bekam auch keine sogenannte süße Suppe wie die andern, er bekam überhaupt kein Frühstück. Die süße Suppe liebte ich über alles, es war ein in Suppentellern ausgegebener Brei aus Milch, Mehl und Kakao, je öfter mir dieser Brei entzogen wurde, und das war beinahe täglich, desto größer war naturgemäß meine Sehnsucht danach. Während meiner ganzen Saalfelder Zeit litt ich unter dem Breientzug, weil ich von meinem Bettnässen nicht geheilt werden konnte. Man gab mir Mittel ein, aber diese Mittel nützten nichts. Es war deprimierend, jeden Morgen mein Leintuch im Frühstückszimmer aufgespannt zu sehen und ohne Brei dazusitzen. Ich war eine Schande, und die Kameraden, die ich noch in den ersten Tagen gehabt hatte, waren jetzt keine mehr. Ich war argwöhnisch und nicht ohne Schadenfreude beobachtet worden. Keiner wollte neben dem Bettnässer sitzen, keiner wollte mit dem Bettnässer gehen, keiner wollte naturgemäß mit dem Bettnässer in einem Zimmer schlafen. Ich war auf einmal so isoliert wie noch nie. Alle vierzehn Tage durften wir nachhause schreiben, aber es mußte eine frohe Botschaft sein. Wie tief meine Verzweiflung gewesen war, läßt sich heute gar nicht mehr denken. Mit leerem Magen schrie ich bei der Fahneneinholung Heil Hitler, marschierte ich mit, das Steigerwaldlied auf den Lippen. Ich war in eine neue Hölle geraten. Aber ich hatte einen Leidensgenossen. Sein Name war Quehenberger, und ich werde diesen Namen mein Leben lang nicht vergessen. Der Bub hatte die sogenannte Englische Krankheit und war an den Händen und an den Beinen verkrüppelt. Er war völlig abgemagert. Er war die kläglichste Figur, die man sich vorstellen kann, es war der erbarmungswürdigste Eindruck, ihn Heil Hitler sagen und durch den Thüringer Wald marschieren zu sehen. Ihm passierte jede Nacht etwas viel Schlimmeres als mir: er beschmutzte sein Bett mit seinem Kot. Ich erinnere mich an dieses Schreckensbild haargenau: im Waschraum unten, wo nur noch die Keller waren, wurde dem Quehenberger das kotbeschmutzte Leintuch um den Kopf geschlagen, während man mir, neben ihm, die wundgewetzten Oberschenkel an den Hoden mit einem weißen Puder bearbeitete. Ich hatte einen Kameraden gefunden, das noch viel

145

größere Opfer. Erzieher wie Schwestern redeten uns naturgemäß auch oft gut zu, aber die meiste Zeit verloren sie die Beherrschung und mißhandelten uns. Ein deutscher Junge weint nicht! Und ich hatte im Thüringer Wald fast nur geweint. An mir und an dem Quehenberger war die Kunst der Erzieher und der Schwestern gescheitert. Anstatt daß wir uns besserten, verschlechterte sich unser Zustand. Ich sehnte mich nach Traunstein und vor allem nach Ettendorf zu meinem Großvater zurück, aber es vergingen Monate, bis zum Ende der Tortur. Das Wort Thüringen und insbesondere das Wort Thüringer Wald sind mir bis heute Schreckenswörter. Vor drei Jahren habe ich auf dem Weg nach Weimar und Leipzig die Stätte meiner höchsten Verzweiflung aufgesucht. Ich hatte nicht geglaubt, sie wiederzufinden. Tatsächlich, es gab sie, und zwar vollkommen unverändert. Genau wie wir hatten die jetzt in dem Fachwerkbau untergebrachten Kinder ihre vom Marschieren nassen Schuhe auf die hölzernen Zaunpfähle vor dem Eingang gesteckt. Dasselbe Bild, unverändert. Nur liegt das Gebäude jetzt nicht mehr in einer Lichtung, der Wald herum ist zur Gänze abgeholzt, es steht auf freiem Feld. Auf dem Hinweg mit dem Auto, ich hatte in Saalfeld, das meiner Erinnerung nicht mehr entsprochen hatte, nach dem Standort des Erho-

146

lungsheimes gefragt, war ich ein paarmal von sogenannten Volkspolizisten aufgehalten worden. Dort erfuhr ich, daß es sich um kein Erholungsheim gehandelt hat, immer nur um ein *Heim für schwer erziehbare Kinder*. Ich durfte passieren. Ich hatte eine österreichische Autonummer, das war ihnen verdächtig. Aber ich sei einmal, vor ungefähr vierzig Jahren, dort gewesen, sagte ich zu dem Mann, den ich auf dem Saalfelder Stadtplatz fragte. Er schüttelte nur den Kopf, drehte sich um und verschwand. Ich schaute auf die auf die Zaunpfähle gestülpten Kinderschuhe und -stiefel, da war auch schon ein Erzieher zur Stelle. Da unten ist der Waschraum, sagte ich, der Erzieher bestätigte das. Dort oben sind die Schlafzimmer. Da ist das Frühstückszimmer. Es hatte sich nichts geändert. Auf dem Fahnenmast hing die Fahne der Deutschen Demokratischen Republik. Der Erzieher war jung, und er hatte nicht länger als ein paar Minuten mit mir gesprochen, als er auch schon von einem aus einem oberen Fenster herausschauenden, offensichtlich höhergestellten Kollegen zurückgepfiffen worden war. Ich hatte zu verschwinden. Ich setzte meine Fahrt nach Weimar und Leipzig fort. Ich hätte den Schauplatz meines Grauens nicht aufsuchen sollen, dachte ich. Heute denke ich darüber anders. Es ist gut so. Die Zeiten und die Methoden ändern sich nicht. Ich hatte einen Beweis mehr in meinem Kopf. Die Heimtage waren immer gleich. An den Vormittagen marschierten wir feldauf, feldab gegen Norden, gegen Süden, gegen Osten, gegen Westen. An den Nachmittagen hatten wir Unterricht in allen Volksschulgegenständen. Auch hier war ich wieder wie gelähmt. Von den Meinigen kamen ein paar Karten, handgeschrieben von meiner Mutter und meinem Großvater. Auf diese Karten heulte ich, bis sie so naß waren, daß ihr Text nicht mehr zu entziffern war. Ich hatte die Karten unter meinem Kopfpolster stecken, wenn ich einschlief. Ich hatte vor dem Einschlafen nur zwei Wünsche: die süße Suppe zum Frühstück essen zu dürfen und bald wieder bei meinem Großvater zu sein. Ein paar Wochen vor dem Verlassen des Erziehungsheimes studierten die Schwestern mit uns ein Weihnachtsspiel ein. Ich hatte einen Engel zu spielen, absolut eine Nebenrolle, man traute mir nicht das Geringste zu. Ich hatte zwei oder drei Sätze zu sagen, aber immerhin einen Auftritt für mich. Mein Leben lang hatte ich die größten Schwierigkeiten mit dem Auswendiglernen, auch den kürzesten Text merkte ich mir nicht. Es ist mir noch heute unvorstellbar, wie es Schauspielern gelingt, einen langen Text einzustudieren, unter Umständen einen an die hundert Seiten langen. Es wird mir ein Rätsel bleiben. Jedenfalls hatte ich die größte Mühe, in zwei oder drei Wochen zwei Sätze zu lernen und zu behalten. Es kam zur Generalprobe, alles klappte. Als aber die Premiere da war und mein Auftritt nicht mehr zu verhindern gewesen war, bekam ich von der Schwester, der Schöpferin des geheimnisvollen Stücks, einen völlig unerwarteten Stoß in den Rücken, sodaß ich in den Saal hinein stürzte. Ich hatte mich wohl auf den Beinen halten können, aber ich brachte kein Wort heraus. Fassungslos breitete ich zwar, wie vorgeschrieben, meine Arme und also meine Flügel aus, aber der Text kam nicht. Da packte mich die Schöpferin des Schauspiels an ihrem eigenen rosaroten Unterrock, den sie mir als Engelskleid angezogen hatte, und zerrte mich von der Szene. Ich landete auf einer Bank auf dem Gang. Das Spiel ging weiter. Alles hatte geklappt, nur der Engel hatte versagt. Er saß heraußen auf dem Gang und weinte, während im Saal der Vorhang fiel und der Applaus prasselte. Eines ist mir noch deutlich und als mein größtes Erlebnis im Thüringer Wald in Erinnerung: der Besuch einer Grotte bei Rudolstadt. Wir waren mit einem Aufzug eingefahren in ein Riesengebirge aus Kristallen. Mein ganzes Leben habe ich keine Farben von solcher Schönheit mehr gesehen. Die langersehnte Märchenwelt, da war sie.

In der ganzen Gegend hatten wir hin und wieder große Kristalle in der freien Natur gefunden. Einige davon habe ich mit nachhause genommen. Noch ein Zweites beglückte mich: in Saalfeld gab es die berühmte Schokoladenfabrik Mauxion. Überall in Saalfeld waren Automaten aufgestellt, aus denen eine Tafel der unübertroffenen Köstlichkeit herauskam, wenn man zehn Pfennig hineinwarf. Das Taschengeld aller Kinder landete unweigerlich in diesen Automaten. Heute sehe ich mich noch so deutlich, als wäre es gestern gewesen und nicht vor über vierzig Jahren, durch den Thüringer Wald marschieren, singend. Und im Hof des Gebäudes putzten wir unsere Schuhe mit Schmollpasta, die einige, die später aus Wien zu uns gestoßen waren, mitgebracht hatten. Als ich nachhause kam, hatte ich einen Bruder, der von allen geliebt wurde. Zwei Jahre später eine Schwester, auch sie wurde von allen geliebt. Die Kriegsschauplätze waren schon in Rußland, und irgendwo zwischen Kiew und Moskau kämpfte mein Vormund. Mein Onkel Farald schrieb aus Mosjön und Narvik Briefe. Er sei bei den Gebirgsjägern, hieß es. Er war der Spaßmacher der Truppe, in großen Gemeindesälen in der Nähe des Nordkaps sollen ganze Kompanien über seine Witze gelacht haben. Er war in den Stab des Generals Dietl gekommen. An den Kommunisten von einst erinnerte nichts mehr. Er schickte Rentierfelle aus Trondheim und Elchgeweihe aus Murmansk. Wir sahen ihn als Lappen verkleidet auf vielen Fotografien. Waren er oder mein Vormund auf Urlaub, ging ich stolz nebenher durch die Schaumburgerstraße. Beide hatten schon einen Orden an ihre Brust geheftet. Die wehrfähigen Männer waren auf allen nördlichen, östlichen, westlichen und südlichen Kriegsschauplätzen, und jeden Tag wurde um viele, die gefallen waren, getrauert. Wie bei den sozusagen in Zivil Verstorbenen der Stadt wurde auch bei den in der sogenannten Fremde für das Vaterland Gefallenen in der Stadtpfarrkirche die Totenglocke geläutet. Da der Mesner Pfenninger, der in einem kleinen, der Kirche gehörenden Haus gegenüber der Stadtpfarrkirche wohnte, die Gicht hatte und an den Fingern völlig verkrüppelt war, bat er mich eines Tages, ich möge für ihn die Totenglocke läuten. Ich mußte mich mit meinem ganzen Körper an den Strick hängen, um die Glocke zum Läuten zu bringen. Ich bekam fünf Pfennig für jedes Läuten. Die Gicht des alten Pfenninger wurde immer fataler, mein Geschäft blühte immer mehr, reihenweise fielen die Traunsteiner im Feindesland. Dazu kam aber noch die durch den Krieg unerhört in die Höhe getriebene allgemeine Sterblichkeit. Ich hatte nicht nur die Totenglocke zu läuten, sondern auch schwarze Holztafeln an die zwei vorderen Kirchentüren zu hängen, auf welchen Name und Alter der Verstorbenen oder Gefallenen verzeichnet waren. Mit Kreide, die der alte Pfenninger nurmehr noch qualvoll zu führen imstande war. Ich liebte das Pfenningerhaus. Ich bekam nicht nur mein verdientes Geld, sondern auch noch etwas Gutes zu essen, denn die alte Pfenninger kochte ausgezeichnet. Da ich auch schon als Kind ziemlich geldgierig war, lief ich immerfort zum Pfenninger und fragte, ob nicht jemand gestorben sei. Es konnten mir nicht genug Leute sterben. Wenn auf den schwarzen Tafeln kein Platz mehr war, klimperte es ganz schön in meiner Hosentasche. Ich hatte keinerlei Skrupel. In den *Münchner Neuesten Nachrichten*, die von den Poschingerleuten gelesen wurden, waren ganze Seiten vollgeschrieben nur mit den Namen Gefallener und im Bombenhagel Umgekommener. Es war die Zeit der sogenannten *Terrorangriffe*. War Alarm, so suchten wir, ahnungslos, wie wir waren, im Vorhaus Zuflucht, bis wieder Entwarnung gewesen war. Wir hockten vor der Tür, die vom Vorhaus aus direkt in das Totengeschäft führte. Ich baute mir eine eigene Schauerwelt aus den Dutzenden von langen Totenhemden, die an den Regalen herunterhingen und die zum Teil aus billigem Kreppapier, zum Teil aus Kunstseide geschneidert waren. Schwarze Schleier, schwarze Jacken und Röcke bewegten sich gespenstisch im Luftzug, der durch die Fugen an der Schaumburgerstraßenseite hereinkam. Die Poschinger machten in dieser Zeit das größte Geschäft ihres Lebens. Aber sie hatten von ihrem Geld nichts, weil man für Geld nichts mehr bekam. Zum erstenmal verdiente mein Großvater, zwei Bücher wurden gedruckt, wie es geheimnisvoll hieß, in Holland, nicht in Deutschland, aber für das Geld, das er feierlich auf der sogenannten Kreissparkasse angelegt hatte, war nichts zu bekommen. Eines Tages witterte er eine Chance. Er hatte in der *Traunsteiner Zeitung* gelesen, daß in der Nähe von Ruhpolding eine Malerstaffelei zu verkaufen sei. *Malen*, sagte er, *das wäre doch etwas für dich. Eine Kunstbeschäftigung!* Er hatte das Inserat mehrere Male rot unterstrichen. Wir fuhren mit dem Dampfzug nach Ruhpolding. Wir fragten uns bis zu dem Haus, in welchem die angebotene Malerstaffelei auf uns wartete, durch. Ein uraltes, halb verfaultes und vermodertes Monstrum stand in einem beinahe finsteren Vorhaus. Die Enttäuschung war groß. Die Staffelei wurde gekauft. Unter den schwierigsten Umständen wurde die Staffelei, von welcher gesagt worden war, daß der berühmte Maler Leibl darauf gemalt habe, nach

Traunstein befördert. Mein Großvater hatte die Staffelei bar bezahlt. Auf der Heimreise, in der Gegend von Siegsdorf, sagte mein Großvater: *Vielleicht ist es die Malkunst. Du hast doch das größte Zeichentalent. Irgend etwas Künstlerisches,* sagte er. Die Malerstaffelei war, wie ausgemacht, ein paar Tage später geliefert und in der Schaumburgerstraße abgeladen worden. Sie war in sämtliche Teile zerfallen. Kurze Zeit darauf hatten wir sie in unserem Wohnzimmerofen verheizt. Von der Malkunst war nicht mehr die Rede. Ich schrieb Gedichte. Sie handelten vom Krieg und von seinen Helden. Ich ahnte, daß die Gedichte schlecht waren, und gab auf. Ich bemühte mich aufeinmal, wo soviel von Heldentum die Rede war, aus mir selbst einen Helden zu machen. Das Jungvolk bot dazu die beste Gelegenheit. Ich steigerte mich noch in den verschiedenen Laufdisziplinen. Möglicherweise hatte sich mein sportlicher Ruhm mit der Zeit doch auf die Schule übertragen, denn dort begann man, aufgrund meiner jetzt von mir ganz offen auch im Unterricht getragenen Siegernadeln, hellhörig zu werden. Ich hatte mehr Siegernadeln errungen als alle andern. Noch ahnte ich selbst es nicht, aber ich *war* schon der Held in der Schule. Ich war nicht aufmerksamer, ich war nicht besser als vorher, meine Noten zeigten meinen schulischen Aufstieg an. Das Wort *Ertüchtigung* war das Machtwort. Ich hatte es ausgenützt. Aus dem Gemiedenen war auf einmal der Begehrte geworden. In dieser Zeit hatte ich auch, ohne daß es mir zuerst aufgefallen wäre, mein Bettnässen eingestellt. Ich war der Held, nicht mehr der Bettnässer. Einmal gab ich ein ungeheuer spannendes Schauspiel meines Heldentums vor Hunderten von Schülern auf der Aschenbahn in der Au. Ich war den Hundertmeterlauf in Rekordzeit gelaufen, gleich darauf auch noch den Fünfhundertmeterlauf. Ich hatte zwei Siegernadeln gewonnen. Die Menge tobte. Ich war ein Gladiator. Die Huldigung der Menge tat mir gut, ich zog sie raffiniert in die Länge. Als ich aber an diesem Tag, als niemand mehr auf dem Sportplatz war, noch einen kleinen Umlauf machen wollte, rutschte ich aus und stürzte der Länge nach auf die Aschenbahn. Stirn, Kinn waren aufgerissen. Ich humpelte über die sogenannte Kurlichtspieltreppe aus der Au durch verschiedene Hintergassen und -höfe nachhause. Es war niemand da außer der Poschinger Elli. Ich mußte einen jämmerlichen Eindruck gemacht haben. Am nächsten Tag sollte die Siegerehrung sein! Die Poschinger Elli machte kurzen Prozeß. Sie setzte mich schwungvoll auf den kalten Küchenherd und begann, wie ich mich noch genau erinnere, mit einer großen Schneiderschere sehr geschickt Fleischfetzen von meinen Knien herunterzuschneiden. Als sie die klaffenden Wunden mit Spiritus beträufelt hatte, sagte sie: *so, dös hamma!* Sie umwickelte meine Knie mit einem endlos scheinenden Verband und klebte, nachdem die Wunden ausgewaschen waren, auf Stirn und Kinn ein Pflaster. Bei der Siegerehrung am darauffolgenden Vormittag machte ich dem Helden, der ich jetzt war, alle Ehre. Ich entsprach dem Bild seiner Vollkommenheit. Mein Heldentum war in Form von übereifrig überdimensionierten Bandagen deutlich sichtbar, ich trug es mit Stolz, wenn auch unter den größten Schmerzen, von welchen ich aber nicht das geringste verlauten ließ. Heute erinnern an mir noch die beiden großen Knienarben an diesen Höhepunkt. Die Poschinger Elli hat sich, wenigstens solange ich lebe, unsterblich gemacht. Als ich elf war, hat mich die Winter Inge, die jüngste der Sattlertöchter, auf dem Hofbalkon der Sattlerei Winter aufgeklärt, sie hat jedenfalls den Versuch gemacht. Ich hatte, nach der inzwischen in Vergessenheit geratenen Ritzinger Hilda, deren Existenz ich nicht mehr weiter verfolgt hatte, meine zweite Freundin. Ich ging mit ihr an die Traun, ich turnte mit ihr auf dem Gestänge der Eisenbahnbrücke, ich lief mit ihr an den Tennisplätzen vorbei nach Bad Empfing, von wo aus es nicht weit auf den Waldfriedhof war. Dort bestaunte ich immer wieder die monumentale Poschingergruft. Maria, die Letztverstorbene, die Burghausener Studienrätin, war auf einem großen an den Granit angelehnten Foto abgebildet. Wenn man in die Gruft hineinrief, hallte es furchtbar wider. Mit meiner Großmutter bin ich oft in die Leichenhalle gegangen. Am Friedhof vorbei, der sich rasch vergrößerte, führte der Weg nach Wang. In Wang hatte ich auf meinen ersten Waffenradfahrten eine Bäuerin kennengelernt, bei welcher ich die ganzen Kriegsjahre immer wieder eine volle Kanne Milch, Butter und Schmalz abholen durfte. Ich brachte ihr die von uns nicht gebrauchten Tabakkarten. Ich liebte die alte Frau, die in ihrem Gemüsegärtlein alle nur denkbaren Blumen betreute. Das ganze Haus roch nach geheimnisvollen Gewürzen, überall auf den Fenstern und auf den Kästen standen große Gläser mit heilkräftigen Säften, Marmelade und Honig. Das Steyr-Waffenrad hatte seine große Zeit. Von mir immer wieder mit Silberfarbe frisch gestrichen, durchradelte ich auf ihm die ganze weite Umgebung von Traunstein bis nach Trostberg in der einen, bis nach Teisendorf in der anderen Richtung. Immer mit einem Rucksack. Hatte ich genug Lebensmittel gesammelt, und ich hatte fast immer Glück, war ich zuhause naturgemäß der Willkommenste. Die Winter Inge hatte mich nicht nur in das Geschlechtsleben eingeweiht, zuhause war über die sogenannte Sexualität niemals gesprochen worden, nicht in meiner Gegenwart, sie hatte auch als die Tochter eines angesehenen Traunsteiner Bürgers in alle anderen sogenannten bürgerlichen Häuser Zugang. So nahm sie mich überallhin mit, ich kannte bald jedes Haus auch von innen. Im Sommer pflückte ich mit ihr in einem Obstgarten, den die Winter in der Nähe der Kaserne besaßen, riesige Körbe voller Erdbeeren und stopfte mir den Magen damit voll. Ihre Schwester Barbara, die zweitälteste von im ganzen fünf Winterschen Geschwistern, besuchte in dieser Zeit das Gymnasium, und es hieß, sie sei die Gescheiteste. Eines Tages war die Barbara in die Stadtpfarrkirche gegangen und auf dem Höhepunkt der Messe verrückt geworden. Sie stieg auf die Kanzel und verkündete *eine große Freude.* Sie wurde in eine Klinik gebracht und von da in ein Irrenhaus und ist verschwunden. Die Gescheitesten sind fortwährend von Verrücktheit bedroht, sagte mein Großvater. Da er mit seinem jetzt von verschiedenen Verlegern hereingekommenen Geld nichts anfangen konnte, schickte er mich in die Geigenstunde. Ich ging zu einem Geiger, der mit einer Spanierin verheiratet war, die genauso ausschaute, wie ich mir eine Spanierin vorstellte, sie war schwarzhaarig und hatte eine raffinierte Locke in der Stirn. Angeblich war sie einmal Konzertsängerin gewesen. Ich wollte gar nicht Geige spielen, ich haßte das Instrument, aber mein Großvater sah in mir jetzt einen Geigenkünstler. Er erzählte mir von Niccolo Paganini und rühmte das Weltvirtuosentum. Eine ganze Welt tut sich dir auf, denke nur, du spielst in den berühmtesten Konzertsälen der Welt, in Wien, in Paris, in Madrid und, wer weiß, eines Tages auch noch in New York. Ich liebte das Geigenspiel der andern, mein eigenes haßte ich, und es blieb dabei. Einmal hatte ich, ausgelassen, gegen Weihnachten, bei starkem Schneefall, mit dem Kuvert, in welchem der Monatsobolus für meinen Geigenunterricht steckte, auf dem Stadtplatz, ich weiß nicht warum, ein paar Luftsprünge gemacht. Bei dieser Gelegenheit schleuderte ich plötzlich ein Fünfmarkstück in einen Schneehaufen. Alle Versuche, wieder an das Fünfmarkstück zu kommen, mißlangen. Im März, als der Schnee wegschmolz, fand ich es wieder. Aufeinmal glitzerte es. *Ich* hatte es wieder gefunden, kein anderer. Wer auf die Idee gekommen war, weiß ich nicht mehr: eines Tages trug ich für den unserer Wohnung gegenüberliegenden Bäcker Hilger Brot aus. Ich trat meine Arbeit um halb sechs

Uhr früh an. Mein Rücken wurde in der Hilgerschen Backstube mit einem großen, weißen Leinensack beladen, in welchen Dutzende kleiner Leinensäckchen gestopft waren. Diese Säckchen mit Semmeln, Weckerln und Salzstangerln, je nach Wunsch, hängte ich, bevor ich in die Schule ging, in der Stadt an die verschiedensten Türklinken. Ich verdiente mein Taschengeld auf diese Weise und durfte sechs Gebäckstücke meiner Wahl mit nachhause nehmen. So hatten wir schon das halbe Frühstück umsonst. Einmal in der Woche hatte ich auf einem zweirädrigen Schubkarren große Brotlaibe auf die Priesterseminarhöhe über Haslach zu schieben, was beinahe über meine Kräfte gegangen ist, aber mein Ehrgeiz war immer größer als meine Kräfte. Freilich, die Rückfahrt vom Berg herunter mit dem leeren Wagen war ein Genuß. Im Sommer sehe ich mich mit meiner Mutter einen kleinen Leiterwagen durch die Stadt schieben. Ich empfand das als ungeheuere Schande. Wir waren zu den umliegenden Wäldern unterwegs und holten uns die von den Holzknechten liegengelassenen Rinden. Mit diesen Rinden heizten wir im Winter. Der halbe Dachboden war voller Rinden, die dort oben in kurzer Zeit trocken waren. Meistens hatte ich allein mit dem Leiterwagen in den Wald zu fahren. Ich stopfte soviel Rinden wie möglich auf den Wagen, ich hatte schwer daran zu ziehen. Von der Höhe der Kaserne an hatte ich mich daraufgesetzt und war, mit den Beinen die Lenkstange dirigierend, in die Stadt gefahren. Aber nicht nur wir waren mit dem Rindentransport auf diese Weise beschäftigt. Das taten viele, die es notwendig hatten. Es war nichts Außergewöhnliches. Für den sogenannten Jahrmarkt in der Au bekam ich, zum Unterschied von der Winter Inge und den andern Bürgerskindern, kein Geld. Ich mußte es mir verdienen. Ich ließ mich stundenweise beim Karussell anstellen, mit andern zusammen ging ich wie der berühmte Brunnenesel hunderte-, vielleicht auch tausendemal im Kreis, um das Karussell in Gang zu halten. Ich sah dabei nichts als den von mir und meinen Leidensgenossen zusammengetrampelten Grasboden. Mit dem Geld versuchte ich mich an den Schießbuden als Schütze. Das Ringlspiel fürchtete ich. Das einzigemal auf ihm war mir sofort schlecht geworden, und ich hatte noch in der Luft erbrechen müssen. Ich bewunderte es von unten. Ich bewunderte die Hunderte und Tausende von Glas- und Porzellanvasen, die man schießen konnte, die Hampelmänner, die Zylinderhüte. Einmal war ich tagelang bei einem Stand als Verkäufer von Gummischuhsohlen beschäftigt. Zum Lohn hatte ich ein Dutzend solcher

161

zentimeterdicken Gummisohlen nachhause mit-
nehmen dürfen. Bis lange nach dem Krieg sind
wir mit diesen Sohlen herumgelaufen, die wir an
unsere Holzschuhe genagelt hatten, denn auch
die Zeit der Ledersohlen war längst vorbei. In der
Au war der Zirkus Busch zu Gast, ich wollte
Dompteur sein. Als ich aber die weitaufgerisse-
nen Mäuler der Löwen sah, ließ ich von meinem
Wunsch wieder ab. Es war fast jede Nacht
Alarm, neuerdings auch am hellichten Tag, die
Bomberschwärme, oft weit über hundert, for-
mierten sich über unseren Köpfen, um nach
München abzudrehen und dort ihre todbrin-
gende Last abzuwerfen. Das Interessante ver-
lagerte sich in die Luft, an den Himmel, bei
jedem Wetter. Man sah und hörte und hatte
Angst. An einem herrlichen, tiefblauen Mittag
saß meine Großmutter bei uns in der Schaumburgerstraße an der Nähmaschine, das Dröhnen
einer Bomberformation ließ uns aus dem Fenster
hinausschauen. Die amerikanischen Maschinen,
in Sechserreihen, glitzerten auf ihrer starr einge-
haltenen Bahn Richtung München. Plötzlich
tauchte von noch höher oben eine deutsche Maschine auf, eine sogenannte Me 109, und schoß,
in Sekundenschnelle, einen der Silberkolosse heraus. Meine Großmutter und ich sahen, wie der
Bomber aus dem Verband heraus absackte und

schließlich in einer gewaltigen Explosion in drei
Teile zerbrach, die weit voneinander niedergin-
gen. Gleichzeitig zeigten mehrere weiße Punkte
mit dem Fallschirm abgesprungene Mannschafts-
mitglieder an. Das Schauspiel war eine vollkommene Tragödie. In dem elementaren Mittagsbild
öffneten sich mehrere Fallschirme nicht, und
man sah schwarze Punkte rascher als die Teile
der Maschine zu Boden stürzen. Und man sah ge-
öffnete Fallschirme, die aus irgendeinem Grund
Feuer fingen und in Sekundenschnelle abge-
brannt und mit ihren Trägern zu Boden gefallen
waren. Von dem ganzen Geschehen war die
Bomberformation insgesamt völlig unbeeindruckt geblieben. Sie flog auf München zu. Die
Stadt war zu weit weg, als daß man die Detona-
tionen hätte hören können. Meine Großmutter,
eine Sensation witternd, packte mich und lief mit
mir zum nächsten Zug Richtung Waging, sie vermutete, daß die Teile des abgeschossenen Flug-
zeugs in dieser Richtung niedergegangen sein
mußten. Sie hatte recht. Eine Station vor Waging, in Otting, das auf einem Wallfahrtsberg
liegt, rauchten noch die Trümmer. Eine der beiden riesigen, wohl an die fünfzehn Meter langen
Tragflächen des Bombers war direkt auf einen
Schweinestall gefallen, und in dem dadurch ent-
standenen Feuer waren an die hundert Schweine

verbrannt. Ein unvorstellbarer Gestank lag in der Luft, als wir endlich keuchend auf dem Berg waren. Es war Winter, eiskalt. Wir hatten von der Station in den Ort hinauf durch hohen Schnee stapfen müssen. Die Einwohner von Otting standen vor den Trümmern und machten immer noch neue ausfindig. Und im Schnee sah man große Löcher, in welchen die vom Himmel gefallenen und völlig zerschlagenen Leichen der Kanadier steckten. Ich erschrak zutiefst. Überall in Schnee war Blut verspritzt. Ein Arm, sagte ich, an dem Arm steckte eine Uhr. Das Schauspiel des Krieges gefiel mir nicht mehr. Die Sensation hatte ihre entsetzliche Kehrseite. Ich wollte den Krieg, der jetzt auch uns, die wir ihn bis dahin nur von weitem kannten, sein fürchterliches Gesicht zeigte, nicht mehr sehen. Wir fuhren nach Traunstein zurück. Ich suchte Beruhigung bei meinem Großvater. Er hatte nichts zu sagen. Am Abend saßen er und meine Großmutter in einem Zimmerwinkel und hörten den Schweizer Sender. Ende Feber, Anfang März schleppte ich an den Nachmittagen mit dem Schorschi die im Winter verendeten Rehe mit ihren Jungen aus ihren letzten Zufluchtsmulden. Wir hoben Gruben aus und warfen die steifen Tiere hinein. Wann ich nur konnte, war ich in Ettendorf. Als meine Großtante Rosina starb, fuhr ihr Bruder, mein Großvater, nach Henndorf zum Begräbnis. Er hatte in den letzten Jahren seinen Geburtsort gemieden. Nach dem sogenannten Totenschmaus, den die Trauernden im großen Saal des elterlichen Gasthofs eingenommen hatten, soll die jüngere Schwester der Verstorbenen, die weltgereiste Künstlerwitwe, zu einer Rede angesetzt haben, in welcher sie fortwährend von sich als von einer *deutschen Frau* gesprochen habe. *Ununterbrochen redete sie, von ihrem neuen Ideal, dem Nationalsozialismus, angefeuert, von sich als von einer deutschen Frau. Das war mir zu dumm geworden, und ich bin aufgesprungen und habe gesagt, weißt du, was du bist, du bist keine deutsche Frau, du bist eine deutsche Sau!* Die beiden haben sich nie mehr gesehen. Der Nationalsozialismus hatte sie auseinandergebracht. Marie, nach einem Schlaganfall gelähmt, ist am Ende auch noch verrückt geworden. Sie hockte in einem eigens für sie von einem Währinger Tischler angefertigten Sessel, als ich sie kurz vor ihrem Tod noch einmal in der Weitloffgasse in Wien aufsuchte, und lallte etwas Unverständliches von ihrem geliebten Bruder, der inzwischen längst gestorben war. Nach der Rückkehr vom Begräbnis der Schwester Rosina, deren Imperium nach ihrem Tod ihrer Schwiegertochter Justine zugefallen war, hatte mein Großvater, angeekelt nicht nur von der Entwicklung in seinem Heimatort, ausgerufen: der ganze Ort ist eine Gemeinheit. Unter die meisten Namen auf den Grabsteinen auf dem Friedhof hatten sie das Wort *Parteigenosse* hineinmeißeln lassen. Nach dem Krieg haben sie das scheußliche Wort wieder herausgemeißelt, wie man heute noch sieht. Wieder war ein Inserat in der *Traunsteiner Zeitung* die Ursache für eine Existenzwende: eine Handelsakademie in Passau offerierte sich als ein hervorragendes Institut. *Das ist genau das richtige für dich*, sagte mein Großvater. Er kaufte zwei Fahrkarten erster Klasse, und wir fuhren nach Passau. Anstatt in der ersten Klasse zu sitzen, hatten wir bis nach Wels und darüber hinaus in einem vollgestopften Gang an die vier Stunden stehen müssen. Die Fahrt in einem sogenannten Fronturlauberzug, andere gab es kaum, war eine Qual gewesen. Als der Zug in Passau einfuhr, sahen wir, aus dem Fenster schauend, nur graue Mauern und lauter Aufschriften von Kohlenhandlungen. Mein Großvater hatte in dem berühmten Hotel *Passauer Wolf* ein Zimmer für mehrere Nächte gemietet. Aber schon als wir aus dem Bahnhof heraustraten, sagte mein Großvater, angeekelt von allem, das er bis jetzt von Passau gesehen hatte: *nein, keine Stadt für dich, Passau ist absolut nichts für dich.* Am nächsten Tag betraten wir auch

166

noch die Handelsakademie. Und ich machte die geforderte Aufnahmeprüfung. Weil wir schon einmal da waren, aus keinem anderen Grund. Ich war jetzt dreizehn. Zwei Monate nach unserer Passaureise, als wir Passau längst vergessen hatten, waren wir noch einmal an diesen Alptraum erinnert worden: die Akademie teilte meinem Großvater mit, daß sein Enkel die Aufnahmeprüfung *mit besonderer Auszeichnung* bestanden habe. Mein Großvater griff sich an den Kopf und sagte: wie gut, daß es nicht Passau ist, daß ich Salzburg für dich bestimmt habe.